Pourquoi naissons-nous ?

Jacques Brosse

Pourquoi naissons-nous ?

et autres questions impertinentes

Albin Michel

Albin Michel
▪ *Spiritualités* ▪

Ouvrage publié sous la direction
de Jean Mouttapa

1

Avons-nous désiré venir au monde ?

Pourquoi naissons-nous ? Qu'est-ce qui fait que maintenant nous existons ? Que maintenant nous puissions nous le demander ? Seul un enfant, parce qu'il veut à tout prix savoir, peut se poser une telle question et, puisqu'il est incapable d'y répondre lui-même, la poser à un adulte qui, lui, nécessairement saura, mais l'adulte l'envoie promener : Tu le sauras quand tu seras plus grand ! Ou il lui répond que c'est Dieu qui l'a fait naître, alors que l'enfant sait bien qu'il est né de sa mère et de son père. Il y a donc des questions qu'il ne faut pas poser ; celle-là, il ne la posera jamais plus et, par la suite, ce sera comme si jamais il ne l'avait posée.

Mais supposons qu'un jour l'enfant rencontre quelqu'un à qui il sente qu'il puisse la poser. Comme ce petit garçon qui s'est trouvé en face d'un vieux kabbaliste qui lui a paru sympathique. À sa question, celui-ci a répondu très gentiment :

« Jadis, avant que tu sois né, tu étais sans corps, comme un désir d'être.

– C'est quoi un désir d'être ?

– Tu vas voir... Tu étais toi, mais sans tes mains, sans tes jambes, sans ta tête, sans ta bouche et tes yeux et tes oreilles, sans ton corps. Pour être ici dans le monde, tu avais besoin d'un corps. Tu voulais la vie que tu vis ici, en ce moment, et tu voulais un corps, et tu voulais devenir un enfant et tu voulais grandir. Tu as voulu un papa et une maman, rencontrer beaucoup d'autres enfants, manger des glaces au chocolat. Alors tu es venu au monde. »

Lorsque j'ai lu cette histoire vraie, rapportée par le disciple de ce maître, Patrick Lévy, dans son beau livre *Le Kabbaliste*[1], j'ai éclaté de rire : « Voilà la réponse que j'aurais voulu qu'on me donne, quand j'étais petit, et je crois que je l'aurais comprise. » Puis il me vint à l'esprit que la réponse, je l'avais rencontrée, mais sous une tout autre forme, dans un tout autre contexte. Je n'eus pas à chercher longtemps. Il s'agissait du « visage originel », de celui que nous avions « avant la naissance de nos parents », c'est-à-dire avant que soient réunies les conditions de notre incarnation, ce qui, pour le profane, ne veut strictement rien dire. Serait alors intervenu ce que le kabbaliste appelle un « désir d'être », et tout a commencé.

Pour être plus précis, je dirais qu'il faudrait parler du désir d'exister plutôt que du désir d'être. Être et exister sont des notions qui s'excluent l'une l'autre. *Ex-sistere* en latin vient de *ex-*, « hors de », et *sistere*, « être placé, se placer ». Exister, c'est donc « se placer hors de »,

« sortir de », mais de quoi, sinon de l'être ? Ce qu'est justement la naissance. Mais *ex-sistere* veut dire aussi « se manifester, se montrer ». Il s'agit donc d'une démarche volontaire, d'une décision que nous avons prise, d'un choix que nous avons fait. Nous avons voulu sortir de l'être, afin de nous montrer indépendants de lui, séparés de lui, devenus autonomes, seuls maîtres de nous-mêmes, mouvement d'orgueil autant que de désir. Mais si ce désir d'exister est préalable à la naissance, qui donc l'aurait éprouvé ? À une telle question peut-on répondre ?

Jadis, un homme a cru pouvoir le faire, un sage indien, nommé Shâkyamuni. Au cours de son éveil, celui qui était devenu un Bouddha, mot qui signifie « Éveillé », découvrit, ou se souvint, qu'il avait éprouvé ce désir. Lorsqu'il se mit à enseigner, Shâkyamuni le décrivit de manière détaillée et précise. Celui qui se nommait d'abord Siddharta Gautama avait été lui aussi un enfant curieux qui s'était posé cette question et n'avait pas cru aux réponses qu'on lui donnait, seulement lui ne renonça pas à tenter de la trouver par lui-même.

Finalement, pour le Bouddha comme pour notre kabbaliste, la venue au monde naît du désir d'exister – il ne dit pas : d'être – et de devenir. Je cite le texte du sûtra[2] : « Qu'est-ce que la naissance ? Sinon la venue à l'existence, le désir du devenir. Sans le désir du devenir, il n'y aurait pas de naissance. Mais qu'est-ce que le devenir, sinon l'attachement, le désir de posséder une existence, qui résulte de la soif d'existence ? »

Dans l'enseignement, ce désir, cette soif naissent eux-mêmes d'une fausse estimation de la situation et de ses conséquences, donc de l'ignorance. C'est l'ignorance qui est l'élément fondateur, le point de départ de tout l'enchaînement qui aboutit à la naissance, puis à ses conséquences inévitables : la vieillesse et la mort.

Encore convient-il de correctement définir l'ignorance. Dans l'enseignement bouddhique, l'ignorance n'est pas l'absence de connaissance, mais la présence d'une connaissance trompeuse, née de notre aveuglement, lequel s'attache aux apparences qu'elle prend pour la seule réalité, et se croit, de ce fait, réaliste.

Curieusement, on retrouve des vues tout à fait comparables dans le *Phédon* de Platon, le dernier dialogue que Socrate eut avec ses disciples, juste avant de boire la ciguë. Face à sa propre mort, il expose et démontre ce qu'il sait de l'immortalité de l'âme. Pour lui, il ne saurait y avoir aucun doute : l'âme préexiste à son incarnation. Le premier argument de Socrate est la « réminiscence » : « Ceux dont nous lisons qu'ils s'instruisent, ils ne font que se ressouvenir ; auquel cas l'instruction ne serait qu'une réminiscence... », d'où l'on peut conclure que « les âmes existaient antérieurement aussi à leur existence dans une forme humaine, séparées des corps et en possession de la pensée » et que, puisqu'il en est ainsi, non seulement nous nous ressouvenons mais nous revivons, pris une fois de plus « dans le cycle des révolutions des âmes qui meurent et revivent[3] », c'est-à-dire dans ce que le bouddhisme appelle le *samsâra*. Cette convergence assurément est étonnante, mais il y a plus. Socrate, à l'appui de sa démonstration de l'immortalité de l'âme, invoque le fait qu'elle est incomposée, tandis que le corps, étant composé, est voué à la décomposition.

Comment ne pas mettre en parallèle le dit du Bouddha que voici : « Il y a, ô moines, ce qui n'est pas né, ce qui n'est pas soumis au devenir, ce qui n'a pas été fait, ce qui n'est pas composé. S'il n'y avait pas, ô moines, le non-né, le non-devenu, le non-fait, le non-composé, il n'y aurait aucun moyen d'échapper au né, au devenu, au fait, au composé. Mais parce qu'il y a un non-né, non-devenu, non-fait, non-composé, à cause de cela, on peut échapper au né, au devenu, au fait, au composé[4]. »

Mais le Bouddha va plus loin que Socrate. Pour lui, ce n'est pas seulement le corps qui est composé, mais l'âme elle-même, qui est *an-âtman*, « non-soi », donc vouée elle aussi à la destruction. Le « non-né », le « non-composé » n'est pas l'âme personnelle et impermanente, mais l'Esprit qui, lui, est impersonnel, qui ne naît ni ne meurt, autrement dit le « visage originel » ou « nature de Bouddha ».

Socrate croit, lui, à la survie de *psuché*, l'« âme ». Quelle est pour lui sa destinée après la mort du corps ? Elle dépend de sa purification. Et là, il faut citer le passage du *Phédon* : « Supposons qu'elle soit pure, l'âme qui se sépare de son corps ; de lui elle n'entraîne rien avec elle, pour cette raison que loin d'avoir dans la vie un commerce involontaire, elle est parvenue, en le fuyant, à se ramasser en elle-même sur elle-même, pour cette raison encore que c'est à cela qu'elle s'exerce toujours. Ce qui équivaut exactement à dire qu'elle se mêle, au sens droit, de philosophie et qu'en réalité elle s'exerce à mourir sans y faire de difficulté. Peut-on dire d'une telle conduite que ce n'est pas un exercice de la mort ? À la mort, l'âme purifiée s'en va vers ce qui lui ressemble, vers ce qui est invisible, vers ce qui est divin et immortel et sage, c'est vers ce lieu où son arrivée réalise pour elle le bonheur, où divagation, déraison, terreurs, sauvages amours, tous les autres maux de la condition humaine, cessent de lui être attachés, et comme on dit de ceux qui ont reçu l'initiation, c'est véritablement dans la compagnie des dieux qu'elle passe le reste de son temps[5]. » Pour Socrate, la vie doit être préparation à la mort : « Ne serait-ce donc pas [...] une chose ridicule qu'un homme qui se serait préparé, sa vie durant, à rapprocher le plus possible sa façon de vivre de l'état où l'on est quand on est mort de s'irriter ensuite de l'événement lorsqu'il se présente à lui[6] ? »

Ce concept de vie pure est commun à Socrate et au Bouddha, mais l'un comme l'autre estiment que cette vie pure doit nécessairement s'accompagner de la véritable connaissance, non du vain savoir rabâché dans les écoles ou à l'université, mais de cela que nous avons acquis par expérience personnelle, en particulier par la méditation.

C'est la « connaissance claire et distincte », dont parle Spinoza, qui « n'a besoin ni du ouï-dire, ni de l'expérience [scientifique], ni de l'art de raisonner, parce que, de son intuition claire, il [le penseur] aperçoit aussitôt la proportionnalité de tous les calculs... Ce dernier [mode] n'imagine ni ne croit, il voit la chose même, non par quelque autre chose, mais en elle-même[7] ». Voir la chose en elle-même, c'est, dans le bouddhisme, la percevoir en son « ainsité », par-delà les apparences, telle qu'elle est, indépendamment de tout jugement que nous puissions porter sur elle. Le résultat d'un tel mode de penser, Spinoza le définit ainsi : « La mort est d'autant moins nuisible que l'esprit a une plus grande connaissance claire et distincte... En outre, comme de ce genre de connaissance naît la plus grande satisfaction qui soit possible, il s'ensuit que l'esprit humain peut être de nature telle que ce qui en périt avec le corps ne soit d'aucune importance au regard de ce qui en subsiste[8]. »

Seulement, cette connaissance vraie, qui la recherche ? Le très petit nombre. Platon, Spinoza le déploraient et, avant eux, le Bouddha Shâkyamuni : « L'humanité prend plaisir à la satisfaction du désir, elle s'en réjouit, elle se complaît dans l'agitation. La connaissance est éloignée d'elle, comment la souhaiterait-elle, puisqu'elle ne recherche pas l'apaisement, qu'elle ne veut renoncer ni à l'attachement ni à la convoitise[9] ? »

Je conviens que mon enquête semble partir dans tous les sens, mais tout de même pas au hasard. Telle proposition rencontrée au cours de mes lectures éveille en moi un écho, je me souviens que quelqu'un d'autre a dit quelque chose de semblable, ou tout au moins de comparable. Quand je crois savoir de qui il s'agit, je vais vérifier, car, si je cite ce nouvel auteur, encore faut-il que je le cite exactement, j'ai fort bien pu déformer son propos dans ma mémoire.

Ce qui compte n'est évidemment pas la multiplication des références, l'accumulation des savoirs qui ne serait qu'érudition, mais la confirmation ou l'infirmation de ce que j'ai cru trouver par moi-même dans les méandres de ma méditation quotidienne, car, parfois, ce que j'ai cru découvrir m'a paru si bizarre, si inattendu, si déconcertant que j'en arrive à me demander si je ne serais pas le seul à le penser, ce qui serait de l'outrecuidance, voire de la schizophrénie. Alors, je pars consulter les livres que j'ai sous la main, afin d'assurer ma démarche, de m'appuyer sur des guides qui semblent sûrs, de confronter mon expérience avec la leur, afin d'en contrôler l'aloi.

J'ajouterai que l'absence de méthode en est une, celle du pêcheur à la ligne. Il lance son hameçon et il attend que ça morde. Il peut attendre longtemps, mais ça finit toujours par mordre, s'il est avisé et donc a choisi le bon endroit. En attendant le poisson, il se tient tranquille, il fume sa pipe et il rêve. C'est toujours ça ! Je ferme la parenthèse.

Le propos du Bouddha Shâkyamuni sur l'attachement et la convoitise qu'affectionnent les humains nous reconduit à l'ignorance et à la soif d'exister. L'ignorance, dans la philosophie bouddhique, est une notion complexe. Elle en distingue deux composantes, l'une innée et passive, l'aveuglement qui empêche de percevoir la vraie nature des phénomènes, l'autre active, dynamique, créatrice et imaginative, qui construit une réalité illusoire.

Évidemment, tout ce que j'ai exposé jusqu'ici n'est qu'hypothétique, et ces hypothèses, il ne faudrait pas les figer en thèse, les immobiliser, elles doivent demeurer libres et ouvertes, acceptées seulement « sous bénéfice d'inventaire », car rien ne doit faire obstacle à la quête, laquelle est en soi interminable. La vérité, qui nous est aujourd'hui inaccessible, la connaîtrons-nous un jour ? Pour la connaître il faudrait être sorti de notre conditionnement, donc être mort. Mais, après la mort, pense-t-on, a-t-on encore besoin de penser ? Je dois tout de même ajouter que ces hypothèses me conviennent davantage que la croyance en la résurrection des corps. Se retrouver dans le même corps dont on a eu tant de peine à sortir comme le papillon de la chrysalide, quelle aberration !

La question que l'on peut maintenant se poser

est celle-ci : à supposer qu'à l'origine de notre présent, de notre présence au monde, il y ait eu un choix, ce choix fut-il libre ou non ? Il y a certainement discontinuité. S'il y a renaissance, nous ne pouvons renaître à nous-mêmes, tels que nous étions, ce qui serait absurde, et désolant. Mais nous ne pouvons pas non plus renaître différents. C'est cette ambiguïté que souligne Nâgârjuna et le *Milindapanha*. Nâgârjuna écrit :

« *Dire : Ai-je existé dans le passé*
est irrationnel.
Ce qui a existé dans des
vies antérieures,
cela n'est pas présentement[10]. »

En réponse au roi Ménandre, le vénérable Nâgasena précise que celui qui renaît « n'est pas le même, [mais] il n'est pas non plus différent[11] ».

Celui qui est le même et ne l'est pas est le fruit du *karma* des vies précédentes. C'est pourquoi, dans l'enseignement du Bouddha, la « production conditionnée », le second maillon de la chaîne est formé par les *samskâra*, les « formations psychiques », qui véhiculent et transmettent le *karma*. Même chez l'enfant qui vient de naître « l'esprit est d'une clarté éblouissante, mais il est souillé par les impuretés adventices[12] », les tendances latentes, les *samskâra* provenant de la vie précédente. Le Bouddha l'a affirmé : « Ainsi, je le dis, les hommes sont héritiers de leurs actes (*karma*)... Les êtres ont chacun leur propre *karma*.

Ils ont le *karma* pour parent et pour ressource[13]. » C'est en continuité avec son *karma* que le futur existant choisit librement le milieu où il renaîtra et surtout ses parents. Curieusement, dans Grégoire de Nysse, on trouve ceci : « Ici [dans le domaine spirituel], la naissance ne vient pas d'une intervention étrangère... Elle est le résultat d'un choix libre et nous sommes ainsi, en un sens, nos propres parents, nous créant nous-mêmes tels que nous voulons être et par notre liberté nous façonnant selon le modèle que nous choisissons[14]. » Affirmation bien singulière de la part d'un chrétien et, qui plus est, d'un Père de l'Église. Grégoire (vers 330-vers 395), évêque de Nysse en Cappadoce, était le plus philosophe, mais aussi le plus mystique des Pères grecs du IVe siècle. Son propos reflète les vues d'Origène, qu'avec Platon et Plotin, Grégoire considérait comme son maître.

Origène (vers 185-vers 252), le fondateur de la philosophie et de la théologie d'un christianisme alors en recherche, faisait de la préexistence des âmes le centre d'un système grandiose qui partait de la création du monde et, en particulier, de celle des créatures spirituelles, seules existantes, qu'Origène appelle *logicoï*, parce qu'elles procèdent directement du *Logos*, du Verbe divin qui les a créées à sa ressemblance. Tous ces esprits purs, incorruptibles et immortels étaient à l'origine égaux et absorbés dans la contemplation divine. Or se produisit ce phénomène étrange que certaines de ces âmes en vinrent à éprouver la satiété de cette contemplation, satiété comparable à l'acédie qui est pour les moines d'Orient une des pires tentations, le dégoût de la spiritualité comme de toutes choses. Du fait de cette dégradation, toutes ces âmes tombèrent, mais pas toutes au même niveau. Ainsi fut créée une sorte de hiérarchie comprenant de haut en bas les anges, les hommes et les démons. Cette chute était due à la décision du libre arbitre de chacun et Origène précise que le statut des humains à leur naissance terrestre dépendait « des mérites qu'elles [les âmes] se sont acquis au cours de leur existence antérieure, avant de prendre un corps mortel[15] ». La conséquence de la chute fut la création de mondes sensibles, adaptés aux nouveaux besoins des créatures, ainsi le monde terrestre pour les hommes. En somme, Origène universalisait le péché d'Adam tel qu'il est relaté dans la Genèse. Si Dieu crée Ève, c'est qu'il craint qu'Adam s'ennuie dans la solitude et, si Ève se laisse tenter par le serpent, c'est qu'elle s'ennuie dans le jardin d'Éden. Ainsi peut-on interpréter rétrospectivement le mythe de la chute originelle par l'extension que lui donne Origène dans le monde visible et invisible. Cet ennui, la satiété ou *acedia*, me rappelle ce que dit Woody Allen : « L'éternité, ça doit paraître bien long, surtout vers la fin. »

La préexistence des âmes vient chez Origène de Platon, mais il lui donne un tout autre sens. À son époque, dans le christianisme, régnait une grande incertitude quant à l'origine de l'âme et, dit Origène lui-même dans la préface de son

Traité des principes, « cela n'était pas suffisamment précisé par la prédication apostolique ».

Toutefois, une synthèse aussi compréhensive et aussi cohérente, qui rendait complémentaires des courants de pensée jusqu'alors opposés, ne satisfit personne et la doctrine ecclésiale en formation, tout en reconnaissant l'importance des idées d'Origène qu'elle utilisa, en vint à rejeter ses éléments véritablement fondateurs : la préexistence des âmes et la chute causée par la satiété, explication à son gré trop humaine et pour elle sacrilège du mystère divin.

2

Qu'est-ce que la vie ?

La vie, comment la définir ? En ce moment, cela nous est impossible, puisque nous la vivons. De toutes manières, nous ne pouvons en connaître qu'une seule modalité, la nôtre, et nous savons qu'il en existe d'autres, en nombre illimité.

Les dictionnaires ne nous renseignent guère. Dans le grand *Larousse du xxe siècle,* je trouve ceci : la vie est le « résultat du jeu des organes concourant à la conservation et au développement du sujet ». Bien ! Mais on ne parle ici que du résultat. Qu'est-ce qui est à l'origine de ce « jeu des organes » ? L'excellent *Robert, Dictionnaire historique de la langue française* note que le mot « vie » a d'abord désigné « l'ensemble des activités et événements qui remplissent la durée de l'existence humaine », mais ne définit pas cette « existence humaine ».

L'étymologie non plus ne nous apprend rien, ou si peu. Le latin *vita* vient de la forme archaïque *vivita,* dérivée du verbe *vivere.* Nous voilà renseignés ! Le grec *bios* va peut-être nous ouvrir une autre voie. Las ! Selon les étymologistes, *bios* et *vita* ont la même origine, ils procèdent d'une racine indo-européenne unique : $g^{w}ey$, $g^{w}ye$, $g^{w}i\text{-}w$, en sanskrit *jîvah,* « vivant », qui a donné en grec *bios,* mais aussi *zôos,* avec le même sens, et, en latin *vivere, vivus,* etc.

La science, et singulièrement la biologie qui est la science du vivant, devrait au moins nous éclairer. Elle nous fournit en effet foison de définitions, parmi lesquelles nous pourrions faire notre choix. Vers 1800, le grand naturaliste Lamarck, se démarquant du matérialisme mécaniciste encore prévalent, considérait déjà que « seule l'organisation est caractéristique de la vie », laquelle devient synonyme d'« organisation » spatiale et temporelle, et que la marche de la nature consiste en une gradation dans la complexité de l'organisation animale[1]. À la même époque, pour l'anatomiste Bichat, la vie n'est que « l'ensemble des fonctions qui résistent à la mort[2] ». Au siècle suivant, en 1932, pour le biochimiste et généticien John B.S. Haldane, « tout modèle de réactions chimiques s'autoperpétuant pourrait être dit vivant[3] ». Enfin, en 2003, pour Richard Dawkins, le vivant se définit selon un seul principe : « la survie différentielle d'entités qui se répliquent. Il se trouve que les gènes et les molécules d'ADN constituent les entités capables de se répliquer, qui prévalent sur notre planète. Il peut y en avoir d'autres[4]. »

Toutefois, les biologistes eux-mêmes restent sur ce sujet prudents et même réticents. Toute définition univoque de la vie entraîne pour eux trop de difficultés. Aucune ne s'avère généralement valable : trop large, elle rencontre des exceptions ; trop étroite, des exclusions. Ainsi Francis H.C. Crick écrit : « Ces difficultés découlent au fond de l'immense variété de la nature, qui peut brouiller les idées ; il me semble néanmoins qu'en dépit de quelque difficulté, nous savons tous qu'un virus entre dans la biologie, une roche dans la géologie, et une feuille de verre ou une paire de bas nylon peuvent être de façon appropriée incluses dans le secteur des technologies[5]. » Mais connaît-on vraiment la nature du virus ? Soulignant cette incertitude, le physicien William Pirie remarque que les termes « vie » et « vivant » n'ont aucun sens, dans la mesure où « toutes les propriétés auxquelles nous pouvons nous référer pour définir le mot "vie" [...] sont singulièrement inadéquates pour une définition même approximative[6] ».

On ne pouvait évidemment en rester là. D'autres scientifiques prirent courageusement le relais. Ainsi, Christian de Duve, prix Nobel de médecine en 1974, pour ses découvertes concernant l'organisation structurelle et fonctionnelle de la cellule, qui, résumant les données actuelles, écrit en 2005 : « La vie est ce qui est commun à tous les êtres vivants », mais précise que cette apparente tautologie « permet d'exclure de nombreux attributs de la vie » ; celle-ci est donc « ce que nous humains avons en commun avec les colibacilles que nous hébergeons dans notre intestin ». En définitive, la vie, pour de Duve, « est construite par des mécanismes chimiques », mais génétiquement informés[7].

En somme, on pourrait dire que le vivant ne vit qu'en se reconstituant lui-même à tout instant, en maintenant en lui un certain équilibre précaire jusqu'au déséquilibre final, la mort. Mais ne pourrait-on pas considérer la vie sous d'autres angles, voir par exemple en elle un mauvais rêve, dont nous nous réveillerons un jour, ou une maladie de l'être, une sorte de moisissure superficielle, dont peut-être nous guérirons ? Et si l'être humain n'était qu'un parasite apparu tardivement sur la Terre et qui, localement et momentanément, en serait arrivé à déséquilibrer l'harmonie universelle ? On pourrait même supposer – pourquoi pas ? – que la vie est une farce que nous nous jouons à nous-mêmes, et rien d'autre. Arrêtons-nous là, de tels propos ne sont peut-être pas « scientifiques ».

Rendons maintenant la parole aux biologistes, mais cheminer dans le labyrinthe qu'ils proposent et trouver la sortie – ils ne sont d'ailleurs pas d'accord sur celle-ci – n'est pas facile pour le profane que je suis. Même en suivant méthodiquement et pas à pas la démarche des plus connus d'entre eux, par exemple, l'un des meilleurs livres sur l'origine de la vie finit par conclure, au terme de plus de quatre cents pages d'explications ardues, qu'en somme nous ne connaissons pas et ne sommes pas près de connaître l'origine de la vie, mais, bien qu'elle soit hautement improbable, il pourrait arriver que nous la connaissions un jour. Ce qui me semble plutôt décourageant.

Pour les astrophysiciens, la vie pourrait bien exister ailleurs que sur notre planète, mais dans des conditions si différentes de température, sans eau ni atmosphère comparables à celles de la Terre, que l'on ne peut imaginer sous quelle forme. Ainsi les sondes spatiales ont-elles révélé que sur Titan, la plus grosse des lunes de Saturne, où la température est de l'ordre de – 178 °C, mais dans l'atmosphère de laquelle des éclairs et des décharges électriques réagissent avec des gaz, se forment des molécules organiques qui, tombant dans la mer d'hydrocarbures, peuvent réagir les unes sur les autres et même s'engager dans une évolution chimique, d'où pourrait naître un jour une certaine forme de vie. Sur Mars, la situation serait inverse. Il n'est pas probable que sur cette planète, où les températures varient de – 90 °C à – 10 °C, on puisse un jour trouver des reliques d'une vie qui aurait pu évoluer dans une période antérieure, chaude et humide, et qui aurait ensuite disparu[8].

Et, en dehors du système solaire, pourquoi des formes inimaginables de la vie ne serait-elles pas apparues sur l'une des quelque millions de milliards de planètes de cent milliards de galaxies contenant chacune environ cent milliards d'étoiles ? « La vie extraterrestre n'est-elle pas hautement probable ? Partant du fait vérifié que la vie est apparue au moins une fois dans l'univers (chez nous !), n'est-il pas déraisonnable, comme le prétendent certains, de supposer qu'en tant de lieux possibles, elle ne serait apparue qu'en un seul endroit ? » D'autant plus que l'univers entier présente une grande homogénéité et que les lois qui régissent la matière sont partout les mêmes. « Aucun atome inconnu sur la Terre n'a été détecté dans le ciel, jusqu'aux limites du cosmos observable[9]... »

Mais si l'on n'a trouvé aucun corps vivant, n'est-ce pas parce que l'on postule que toute forme de vie doit être nécessairement matérielle et perceptible à la vue humaine, autrement dit faire preuve encore d'anthropomorphisme ? L'invisible existe bien, il arrive même qu'il devienne visible. Sans invoquer les ondes qui transmettent images et sons d'un émetteur à un récepteur grâce auquel ces images redeviennent visibles et ces ondes audibles, on a nié l'existence des méridiens d'acupuncture jusqu'au jour où on les a photographiés, par inadvertance. De même, il n'y a pas longtemps passaient pour insensés ceux qui croyaient percevoir autour de certains êtres une aura, comparable à l'auréole qui désigne les saints dans l'ancienne iconographie chrétienne. Pourtant, cette aura, des photographes, qui ne pensaient pas qu'elle puisse exister, l'ont un jour captée, entourant une plante ; on l'a depuis photographiée autour du corps humain, et de plus constaté qu'elle changeait selon l'état du végétal ou de l'homme. Il s'agit d'un phénomène non seulement reconnu, mais étudié : la bioluminescence. Assez curieusement, les savants de laboratoire en ont expliqué le fonctionnement, mais sans pouvoir en enregistrer d'images. On y est enfin parvenu récemment ; on a encore une fois rendu visible l'invisible. Qui donc oserait soutenir que l'invisible n'existe pas, parce que nos yeux humains ne le perçoivent pas ?

Qu'est-ce qui, en définitive, autorise les scientifiques à affirmer que la vie ne peut exister que sous certaines conditions et sous certaines formes, celles que nous connaissons aujourd'hui ? Il est vrai que certains d'entre eux, tel Dawkins, admettent que l'on ne parle que des « entités capables de se répliquer, qui prévalent *sur notre planète*. Il peut y en avoir d'autres ». Assurément, il y en a d'autres, mais *aussi* sur notre planète : les anaérobies qui peuvent vivre dans un milieu privé d'air, alors qu'il semblerait que la présence d'air soit impensable à la vie.

Les biologistes, dont je reconnais l'extrême compétence, semblent négliger cette biodiversité dont on parle tant aujourd'hui ; ce paramètre est pour eux inutilisable, peut-être parce qu'il compromettrait le résultat de leurs travaux. Ils oublient les autres modalités de la vie, qu'ils étudient comme si elle était unique et la même pour tous, et dont le modèle serait la leur, la nôtre, comme si elle était une abstraction et selon leurs propres termes un mécanisme, une machine, dont on pourrait démonter les rouages.

Ils travaillent sur une image qu'ils se font pour la commodité de leurs recherches. Pourtant, les modalités de la vie réelle, toutes différentes entre elles, mais dont aucune ne ressemble à la nôtre, sont aussi nombreuses que les espèces animales connues, soit plus d'un million, dont sept cent cinquante mille d'insectes ; quant aux espèces non encore identifiées, elles sont nécessairement innombrables.

Très jeune, ces vies différentes de la mienne, non seulement m'intriguaient, mais me passionnaient tant que je tentais de me représenter comment du dedans je les aurais vécues si, par exemple, j'avais été coupé en deux, comme le ver de terre par le fer d'une bêche, dont les deux moitiés gigotent et partent chacune de leur côté. Enfant, je tombais en arrêt devant des créatures rencontrées par hasard et que je ne connaissais pas encore, le mystérieux lucane cerf-volant tombé à mes pieds, la salamandre trouvée dans un trou ou, plus simplement, les poissons dans mon aquarium. Plus leurs vies étaient différentes de la mienne, plus elles m'intéressaient. Ces vies, et par conséquent la mienne, demeuraient pour moi autant de mystères, sur les bords desquels je vacillais, pris de vertige. Avais-je tort ? Ne vivons-nous pas environnés de mystères que nous ne voyons plus, peut-être parce que nous ne voulons plus les voir tant ils nous dérangent ?

Nous habitions alors une grande maison en Périgord que longeait la rivière l'Isle. J'allais avoir dix-sept ans, c'était au mois d'août. Alors que je montais dans ma chambre après le dîner, je m'arrêtai sur le seuil, stupéfait : le parquet avait disparu sous une épaisse couche de neige. J'écarquillai les yeux : la neige remuait, les flocons s'agitaient ; ce n'étaient pas des flocons, mais des insectes tout blancs, dont certains battaient encore des ailes faiblement. Je restai un moment médusé, mais le sommeil me gagnait. Avant d'ouvrir les draps, je dus secouer le couvre-lit qu'avait recouvert la marée blanche. Au réveil, je me demandai si je n'avais pas fait un rêve, mais la couche d'insectes était toujours là, elle ne remuait plus, ils étaient morts.

Intrigué par ce phénomène incongru, je me documentai aussitôt, du mieux que je pus. Je lus que, si l'insecte volant que l'on appelle bizarrement « imago » (l'image) ne vivait que quelques heures, il avait préalablement vécu pendant des mois, et jusqu'à trois ans, dans l'eau, à l'état larvaire.

J'en restai longtemps songeur. J'essayais de me représenter ce passage de la vie aquatique à la vie aérienne, les sentiments que j'aurais éprouvés si je l'avais vécu, l'émerveillement qui devait en résulter devant cette lumière éblouissante, précédemment insoupçonnée, enfin le vertige du vol, qui était tel que l'insecte y succombait. Tout cela, je le vivais au tréfonds de moi et naïvement je me demandais : Pourquoi donc ne nous métamorphoserions-nous pas ?

Ces extraordinaires vols nuptiaux, dont j'avais lu la description, je n'ai pu y assister que beaucoup plus tard, près de Lodève, au fond d'une vallée parcourue par une petite rivière et ses affluents, qui n'étaient que des ruisseaux. Mes amis et moi, nous venions nous baigner là, le soir, après une chaude journée. L'air au-dessus de l'eau était alors rempli d'éphémères volants. Un peu à l'écart, immobile, silencieux, j'observais leur manège. Un dense essaim, formant un petit nuage, s'élevait verticalement dans l'air, puis se laissait retomber. D'autres éphémères y pénétraient ; c'étaient des femelles auxquelles aussitôt s'agrippaient les mâles. Les couples descendaient vers l'eau, puis se séparaient et la femelle, fécondée, lâchait sa ponte. Après quoi, ils mouraient l'un et l'autre. C'était certainement l'un de ces vols nuptiaux qui naguère était entré tout entier par ma fenêtre et n'avait pu ressortir.

Cette unique journée dans le ciel, au soleil, était une apothéose ; l'insecte, sa tâche achevée, semblait se résorber dans les airs. Mais elle s'était préparée de longue date, au cours de métamorphoses successives, parfois jusqu'à vingt, qui avaient duré trois ans, de telle sorte que la vie visible (par nous) de l'éphémère ne représentait qu'un millième d'une vie pratiquement invisible. Les larves, que l'entomologiste appelle des « nymphes », sont si différentes entre elles, et de l'adulte, qu'il fallut plusieurs générations de savants pour les identifier toutes et les rapporter aux espèces aériennes connues. L'ultime métamorphose en insecte ailé a lieu en deux temps, le premier étant un stade intermédiaire absolument unique, même chez les insectes. Lorsque la larve a atteint son complet développement, elle se rapproche de la surface de l'eau, prête à abandonner définitivement la vie aquatique. Lorsqu'elle en émerge, son tégument se fend au milieu du dos et l'éphémère s'envole, mais ce n'est encore qu'un « subimago », ses ailes sont opaques et velues, son vol lourd et embarrassé. Elle se repose, restant complètement immobile. Enfin, une dernière mue libère l'insecte adulte, prêt à se reproduire. Voilà donc un insecte qui a connu dix ou vingt « identités » complètement différentes, au fond de l'eau, puis dans l'air. Cela aussi me laissait rêveur.

Beaucoup plus souvent, j'ai assisté à l'accouplement singulier des libellules, au bord d'un étang, celui d'*Agrion virgo,* la « vierge farouche », au corps bleu métallique et aux ailes bleu-violet chez le mâle et d'un brun doré chez la femelle. Mais je n'ai compris leur étrange gymnastique qu'en lisant la description qu'en donnent les entomologistes. Tout d'abord, le mâle se prépare à la copulation, il incurve en vol son abdomen de façon à ce que son sperme passe de l'orifice génital à des sortes de réservoirs placés à l'avant. Puis, il s'approche en volant au-dessus de la femelle, qu'il saisit fermement de ses appendices abdominaux. Enfin, les conjoints volent « en tandem », le mâle devant, la femelle derrière, celle-ci infléchit son abdomen, plaçant son orifice génital au contact des réservoirs spermatiques du mâle. Le « tandem » se transforme alors en « roue nuptiale », cette étrange figure que l'on peut voir évoluer, sans gêne apparente, au-dessus des eaux.

Si l'insecte reproducteur, l'imago, vit longtemps par rapport à l'éphémère, son existence larvaire aquatique dépasse aussi de beaucoup sa vie aérienne, et les formes larvaires, appelées galamment « naïades », comme les nymphes de l'eau, sont aussi multiples. Ces larves carnivores guettent dissimulées au fond de l'eau le passage d'une proie. Alors se déclenche le curieux processus qui fait se déplier d'énormes mandibules en deux parties articulées, que l'on appelle « masque », dont celle qui est projetée en avant se termine par des pinces préhensiles acérées qui se referment sur la victime.

L'insecte parfait est lui aussi un prédateur, d'autant plus redoutable qu'en son vol extrêmement rapide (plus de soixante kilomètres-heure), il attrape ses proies et les dévore. Les libellules de certaines espèces volent parfois très loin de leur habitat d'origine et se posent. Il m'arrive d'en rencontrer dans la prairie, non loin de la maison. Ainsi, l'autre jour, un *Aeschna grandis* femelle aux ailes cloisonnées comme un vitrail monochrome, à l'abdomen bigarré de jaune, de bleu-vert et de brun-roux, aux yeux verts, accroché à un chaume. On dirait qu'elle m'attend. Lorsque j'approche, elle ne bronche pas, mais tourne les yeux vers moi et me suit où que j'aille. Je m'agenouille, je la contemple et le lui dis. Nous nous regardons. Ses yeux énormes montés comme des télescopes, à demi hémisphériques, qui occupent la plus grande partie de la tête, me voient certainement beaucoup mieux que je la vois. J'y distingue une multitude de points minuscules, je sais que ce sont des ocelles, des yeux en miniature, et qu'ils seraient près de trente mille. Comment voient-ils ? Que voient-ils ? Trente mille images de moi, ou trente mille détails qui s'assemblent en une seule image en relief ? Immobiles l'un et l'autre, elle me fascine et je la fascine. Et c'est moi qui dois rompre l'enchantement, car je m'ankylose. Pourquoi, lorsque je me relève, ce sentiment de bienheureuse plénitude ? Est-ce là de l'anthropomorphisme ? Je n'en jurerais pas, car le regard ne peut tromper, le contact a bien été établi, insolite, mais intense.

Ces regards qui, dans le face-à-face, s'entrecroisent, le mien et celui doré de nos chèvres ou roux clair de nos renards, mais aussi les regards de rencontre du crapaud, de la mésange, de la buse ou du lézard, déconcertent. Les yeux dans les yeux qui me regardent fixement, ces regards qui pénètrent au plus profond de l'être, qui s'interrogent et me répondent me comblent, depuis l'enfance, d'une joie que sans doute bien peu connaissent. J'ai l'impression comme Alice d'être passé « à travers le miroir », *through the looking glass*, « la glace qui regarde », d'être entré dans le *looking glass world*, le « monde à l'envers », le « pays des merveilles », l'autre monde.

Les métamorphoses, je les ai vécues beaucoup plus intimement avec les chenilles que je récoltais à l'automne, lorsqu'elles avaient atteint leur taille maximale. Je les gardais dans des boîtes et je leur donnais ce qu'elles avaient l'habitude de manger. J'obtenais ainsi des chrysalides suspendues par un fil aux parois de la boîte, petits cercueils dorés et vernissés, semblables aux sarcophages des pharaons. Au bout de quelque temps, par transparence, les chrysalides paraissaient vides, sauf une petite tache opaque, en bas de l'abdomen. De la chenille disparue, qui avait renoncé à elle-même pour un avenir qu'elle ne pouvait deviner, ne subsistait que ce petit amas de cellules qui, se divisant, allait remplir ce coffret et donner naissance au papillon. Le jour venu, j'assistais, toujours aussi ému, à l'éclosion. De la chrysalide qui s'était fendue sortait à grand ahan une bestiole chiffonnée, qui semblait aptère, mais possédait de part et d'autre des sortes de moignons. Ceux-ci, au bout de quelques minutes, se déplissaient, puis se déployaient, prenant la forme d'ailes qui, irriguées par le sang, se durcissaient peu à peu. Le papillon attendait patiemment. Quand elles étaient sèches, enfin il s'envolait en plein ciel. Et je comprenais pourquoi les anciens Grecs désignaient du même mot, *psuché*, l'âme et le papillon.

Si j'ai placé ici ce long développement, c'est que ces menues observations, aussi partielles et incomplètes soient-elles, m'ont permis d'élargir l'idée que je me faisais de la vie, de la diversifier aux dimensions du monde au sein duquel je vis, et de me dégager de l'habituel anthropocentrisme mortifère. Nous ne sommes qu'un cas particulier

– et même pas si particulier que ça – d'un ensemble immense auquel nous appartenons. En sa folle diversité, en ses formes innombrables, la vie est unique et l'examen même de sa multiplicité vaut toutes les définitions possibles qui, sans lui, semblent vaines. Je crois que tant qu'on ne l'a pas compris, on n'a pas réellement vécu sa vie.

Et nous, comment vivons-nous ? Qu'est pour nous la vie vécue ? Petit, je regardais souvent une image d'Épinal, intitulée « Les âges de la vie ». On y voyait, en bas d'une pente, deux bébés, un garçon et une fille, qui grandissaient, grandissaient, en montant la pente, et qui, une fois parvenus au sommet, redescendaient de l'autre côté. Tout en bas, c'était un vieux grand-père et une vieille grand-mère qui marchaient tout courbés, appuyés sur un bâton. Je me souviens que, pour moi, ces personnages n'évoquaient nullement les étapes de ma vie future. Il s'agissait des autres qui étaient tous vieux et, en certains d'entre eux, je reconnaissais des gens de mon entourage, mais pas moi.

Ces âges, ces étapes, comment les définir et les particulariser ? Biologiquement, on distingue l'âge de la croissance, celui de la reproductivité et celui de la survie ; la référence est ici la sexualité, dont Freud eut beaucoup de peine à faire admettre en son temps qu'elle existait aussi chez l'enfant, même si ce dernier n'accédait à la génitalité, la faculté de se reproduire, qu'avec la puberté. Chez la femme, le temps de la génitalité est circonscrit entre l'apparition des menstruations et leur disparition, la ménopause.

Légalement, socialement et économiquement, ces trois étapes correspondent à peu près à l'âge de la formation, principalement scolaire, puis à celui du stade professionnel, ou de productivité, jusqu'à l'âge de la retraite, le « troisième âge ». Ici, ces divisions sont fluctuantes, elles varient au gré de l'évolution socioéconomique. Ainsi, l'âge scolaire s'est étendu de la maternelle au baccalauréat pour tous ; l'entrée dans la vie professionnelle peut être retardée par la durée des études supérieures, réservées en fait, malgré une relative démocratisation du savoir, à ceux qui en ont les moyens financiers.

La tradition, l'observation et le simple bon sens conduisent à nuancer ces catégories trop rigides et à en reconnaître au moins quatre principales : l'enfance, l'adolescence, la maturité, la vieillesse, mais qui sont généralement elles-mêmes subdivisées ; ainsi, entre l'enfance et l'adolescence, s'intercale la puberté, le passage de l'un à l'autre état, et, entre adolescence et maturité, la jeunesse. Les anciens, grecs et latins, plus empiriques et plus subtils, distinguaient dans l'enfance deux stades, celui de l'*infans*, littéralement « celui qui ne parle pas », puis celui, en grec, du *pais-paidos*, désignant le jeune garçon et la petite fille, mot qui a donné significativement *paideia*, l'« éducation » et en français la « pédagogie ». À *pais* correspondait en latin *puer*, l'enfant de six à quatorze-quinze ans, les six ans correspondaient à l'« âge de raison » à partir duquel l'enfant était considéré comme capable de distinguer le bien du mal et devenait de ce fait responsable.

Après quoi l'individu, par suite des transformations physiologiques et psychiques de la puberté, entrait dans l'adolescence, *adolescens*, en latin, étant le participe présent du verbe *adolescere*, « grandir ». En Grèce, l'adolescent était un *meirakion* (du sanskrit *maryakah*, « petit homme »), mot désignant un garçon de quatorze-quinze ans. Pour le célèbre médecin grec Hippocrate, l'adolescence durait de quinze à vingt et un ans. Enfin, l'adolescent devenait un adulte, du latin *adultus*, participe passé du même verbe *adolescere*, l'adolescent étant celui qui grandit et l'adulte celui qui a achevé sa croissance. En Grèce et à Rome, le passage d'un état à un autre était sanctionné, comme dans les sociétés archaïques, par des solennités spécifiques, les « rites de passage ».

Ces rites antiques n'étaient déjà plus que des survivances, des reflets très atténués de ceux qui existaient, et existent encore, dans les sociétés archaïques conservatrices. Les rites traditionnels y étaient souvent dramatisés, puisqu'ils étaient censés figurer la mort au monde antérieur et la résurrection de l'adolescent dans un monde nouveau, celui des adultes, rites que l'on trouve d'ailleurs inchangés dans les initiations aux mystères de l'Antiquité, tels les mystères d'Eleusis en Grèce[10].

Au sein des civilisations médiévales de l'Occident, les rites de passage n'ont été maintenus en partie que dans les institutions de la chevalerie.

Des rites religieux plus élaborés accompagnaient la vie de tous les chrétiens, à commencer par le baptême qui introduisait un nouveau fidèle dans la communauté chrétienne, en le purifiant du péché originel. Le baptême fut d'abord reçu à l'âge adulte par immersion totale (le grec ecclésiastique *baptizein* dérive de *baptein*, « être plongé dans, être immergé »), remplacé plus tard, lorsque ce sacrement fut conféré aux jeunes enfants, par une simple aspersion d'eau sur la tête du baptisé. La vie du chrétien était ensuite rythmée par les sacrements : la pénitence, l'eucharistie, reçue pour la première fois lors de la communion, à l'âge de raison. Mais l'enfant ne devenait un parfait chrétien qu'en recevant la confirmation, plus solennelle, administrée par l'évêque qui faisait sur le front du confirmant une onction avec le saint chrême et lui imposait les mains, afin de lui transmettre les dons du Saint-Esprit. Dans l'usage, la confirmation est conférée vers l'âge de douze ans, elle peut donc être assimilée à un rite de passage de l'enfance à l'adolescence.

Dans les sociétés modernes, de tels rites se sont progressivement dégradés, puis pratiquement effacés. Si je me suis longuement attardé sur eux, en leur diversité, c'est que les sociologues contemporains sont unanimes pour souligner des dangers qu'entraîne leur absence dans la société actuelle, désacralisée et laïcisée, en particulier la disparition des rites qui sanctionnaient le passage de l'enfance à l'adolescence, rites à ce point nécessaires que les adolescents ont dû spontanément inventer les leurs, dans lesquels la revendication d'autonomie passe par la révolte et la violence.

En définitive, cette vie, la nôtre, comment l'avons-nous vécue, comment la vivons-nous ? Cela seul nous intéresse vraiment. Ici, les témoignages ne peuvent être que personnels, ils dépendent de la faculté de se souvenir de chacun, encore que les différences ne soient que des variantes de thèmes communs.

Rétrospectivement, la vie apparaît comme un changement incessant, perpétuel jusqu'à la mort, ce changement radical. Se modifient, par exemple, notre rapport à notre propre corps, mais aussi notre relation aux autres, donc notre statut, comme si, d'étape en étape, nous changions de rôles, de personnages, la mémoire seule assurant une certaine continuité, convenue et peut-être illusoire. En fait, nous ne sommes jamais les mêmes mais, la plupart du temps, ces mutations sont sur le moment insensibles, imperceptibles, et nous n'en prenons conscience, parfois après notre entourage, que lorsqu'elles sont achevées.

L'une d'elles pourtant est une rupture, le passage de l'enfance à l'adolescence. Presque soudainement, ce corps auquel nous étions habitués, avec lequel nous nous identifiions jusqu'alors nous trahit, il se dérobe, il nous échappe. Il ne nous obéit plus et n'en fait qu'à sa guise, devenu un étranger que nous ne comprenons plus. À cette période de ma vie, je l'examinais avec l'intérêt que l'on devine, et que nous avons tous éprouvé. Cependant, la plus manifeste, la plus traumatisante de ces transformations fut pour moi celle de ma voix, ce que l'on appelle la mue, terme qui a significativement désigné d'abord le changement de plumage des oiseaux, annonçant qu'ils sont désormais en état de se reproduire.

Je me rappelle précisément ce soir-là où, comme trois fois par semaine, on était venu me chercher à l'étude pour la répétition de la schola. J'avais à chanter un solo. Tout allait très bien quand j'entendis avec stupeur sortir de ma bouche un son rauque, un couac. Je m'arrêtai brusquement, rougissant. Le maître de chapelle me regarda, aussi consterné que moi : j'étais devenu « inutilisable ». Ainsi se brisa, ce soir-là, ma carrière de jeune chanteur qui, pendant plusieurs années, m'avait procuré tant de joies. Il me fallait y renoncer, je devais m'y résoudre. Je ne me reconnaissais plus, j'étais un autre.

3

Faut-il avoir peur de la mort ?

J'aborde maintenant le domaine de l'inconnaissable par définition, du radicalement inconnaissable, dont d'ordinaire on se détourne parce qu'il fait peur. En prologue, je voudrais rappeler un texte aujourd'hui disparu, la réponse que j'ai donnée, il y a quelques années, à une enquête sur la mort. Cette réponse, je la donnerais encore si l'on m'interrogeait. J'ai envoyé mon texte que j'avais intitulé « La mort en face » à l'éditeur, qui a pris son temps pour me répondre. Il était embarrassé : n'allais-je pas épouvanter les lecteurs ? Finalement, il l'a tout de même publié. J'y disais entre autres :

« De quoi, au juste, avons-nous peur ? Des souffrances de l'agonie ? Soit ! Parce que nous les imaginons maintenant. Mais, le moment venu, elles ne seront plus telles, nous ne serons plus tels pour les vivre. Et puis on sait aujourd'hui comment les rendre supportables. En fait, ce qui nous hante, c'est la perspective de notre anéantissement, comme si nous devions être les témoins horrifiés de la corruption de notre cadavre. Et qui donc sera là ? Qui aura conscience de n'être plus ? Si nous avons peur, c'est que nous n'osons pas regarder la mort en face.

On meurt parce que l'on naît ; parce que nous sommes composés, nous nous décomposons. Ne sont-ce pas des évidences imparables ? La mort est tout simplement un processus biologique, elle fait partie de la vie, elle n'en est pas distincte. À tout instant nous mourons ; chaque matin, nous ressuscitons. Un jour, nous oublierons de nous réveiller.

De toutes manières, la peur de la mort ne peut que nous empoisonner la vie, irrémédiablement, jusqu'à ce que nous arrivions à comprendre qu'il ne s'agit que d'un fantasme, le fantôme qui naît dans le noir de la peur d'avoir peur de l'enfant. »

Si j'ai pu en parler avec un tel détachement, c'est qu'un jour j'ai vu la mort en face. J'avais vingt ans. À la suite d'une chute de vélo qui m'avait ouvert les artères des deux bras, j'avais perdu du sang, des quantités de sang. On m'avait étendu à l'ombre d'un pommier en fleur, dans la campagne normande, et l'on était allé chercher du secours. C'était un dimanche après-midi de juillet. Le médecin n'est arrivé que plus d'une heure après. Je me voyais sous un pommier en fleur, près du champ de bataille de Vieil-Beaugé. C'était le dimanche de Pâques fleuries de l'an du Seigneur 1422. J'avais été blessé d'un coup de lance à la gorge. J'expirais, mais je n'avais pas peur. Je me vidais de moi-même. C'était tout simple, il n'y avait qu'à se laisser faire. Je ne me demandais pas ce qui pourrait m'arriver après, il n'y avait pas d'après. Je fus tiré de cette rêverie par le médecin qui me faisait mal. Alors mes souffrances ont commencé.

En somme, à vingt ans, j'avais accepté ma mort, fort heureusement d'ailleurs, car cela se passait en 1942 et la mort, je l'ai côtoyée, peu après, j'ai vécu sous sa menace pendant plus de deux ans.

Récemment, l'un de mes proches m'a raconté comment il avait vécu la sienne, à l'hôpital, où, son état étant désespéré, on l'avait placé sous perfusion, dans un isolement complet, ne recevant de visites que des infirmières et du chirurgien qui l'avait opéré. Il me disait : « J'étais parfaitement tranquille, je ne souffrais plus. Je sentais la vie qui s'échappait de moi, qui coulait hors de moi. Je ne la retenais pas, j'allais enfin être délivré. »

La mort, depuis, je l'ai bien rencontrée, mais de loin en loin. J'ai même vécu, avec Simonne Jacquemard, mon épouse, il y a une dizaine d'années, une situation qui aurait pu mal finir. Nous nous étions embarqués à Dakar, pour rentrer à Paris, à bord d'un DC10 – ce n'est guère qu'après l'incident que nous nous sommes rendu compte que DC se prononçait « décès ». En survolant le Sahara, l'avion a traversé un cyclone. Il est tombé d'un coup de plus de mille mètres et nous aurions sauté au plafond si nous n'avions été retenus par nos ceintures. Il y a eu quelques cris d'épouvante, de protestations véhémentes qui nous ont glacé le sang. Puis l'appareil s'est rééquilibré et, vrombissant, a tenté de sortir du cyclone. Pendant un temps qui nous a paru interminable, il a oscillé, roulant et tanguant comme un navire sur une mer démontée. Toutes les lumières s'éteignaient, puis brusquement se rallumaient et avec elles, sur l'écran face à nous, les images d'un film de gangsters, où on voyait les personnages s'effondrer l'un après l'autre, sans que l'on entende les coups de feu, car le son était coupé. Nous étions pourtant tranquilles tous les deux, serrés l'un contre l'autre. Au moins, nous allions mourir ensemble. Mais comment ? Nous préférions ne pas nous le demander. Enfin, le cauchemar prit fin. L'avion fit escale à Genève. Nous pûmes en sortir, marcher sur le sol ferme en plein air et même prendre un café qui nous réconforta. Nous nous aperçûmes alors que nous étions seuls. Personne d'autre n'était descendu de l'appareil, où, en remontant, nous retrouvâmes les passagers prostrés, comme pétrifiés.

La mort, c'est parce qu'on la refuse, qu'on se révolte, qu'elle devient dramatique. C'est ce qui arrive à nos contemporains. Alors, on veut en retarder l'échéance à tout prix. Cela fait d'excellents patients, prêts à tout, pour le plus grand bénéfice d'une médecine qui, pratiquant l'« acharnement thérapeutique », réussira à les faire survivre, ainsi qu'en témoignent les statistiques. Aujourd'hui, on peut espérer dépasser quatre-vingt-dix ans, et même devenir centenaire, et pourquoi s'arrêter là ? Mais on sait dans quelles conditions, même si l'on ne sombre pas dans la « démence sénile », rebaptisée pudiquement « maladie d'Alzheimer », qui toucherait près de la moitié des pensionnaires des maisons de retraite. À cette sénescence, on ne connaît aujourd'hui aucun remède, ce qui constitue l'un des échecs les plus désastreux de la médecine contemporaine.

J'ai eu récemment l'occasion d'aller rendre visite à un mort dans un funérarium. Je ne le connaissais qu'à peine, mais j'étais assez proche de sa famille que je voulais saluer. J'ai trouvé le défunt pomponné, bien rasé, bien coiffé. Il avait meilleure mine que la dernière fois que je l'avais vu, avant la maladie qui devait l'emporter. Il était là, paisiblement allongé. Dans ce salon régnaient une musique douce et un parfum suave, presque sensuel. Ses proches, confortablement assis, conversaient à mi-voix. On aurait dit qu'ils attendaient qu'il se réveille pour partir en promenade avec lui. Je les saluai avec l'air qui convenait, mais je dus sortir aussitôt, à demi étouffé par le fou rire que je contenais. Bientôt, on va en revenir aux embaumements des anciens Égyptiens. On m'assure que c'est déjà fait et qu'à cette nouvelle spécialité, on a donné, pour faire sérieux, un nom grec, la « thanatopraxie ».

L'immortalité est pour l'humanité un dû, mais qui la lui doit ? La nature ? Elle semble sur ce point totalement indifférente. Que lui importe le sort d'une espèce apparue tardivement, à la façon d'une moisissure superficielle sur une terre vieillie comme un fruit blet ? Ou bien doit-on s'adresser à un Dieu qu'il faudrait réinventer ? De toutes façons, puisque personne ne croit plus au paradis et à l'enfer, il devient impératif de trouver autre chose.

La cryogénie n'ayant eu qu'un succès limité, quelle pitrerie ne va-t-on pas inventer maintenant ?

Lorsque j'étais enfant, les manifestations du deuil étaient encore spectaculaires. À dix ans, j'ai assisté à mon premier enterrement, celui d'un inconnu, le mari de notre professeur de solfège, auquel se rendit toute la classe de septième. La vue, à l'église, de la veuve étouffant ses sanglots sous un épais voile de crêpe me fit venir des larmes aux yeux. Certes, le corbillard était modeste mais, dans sa caisse cahotante, le défunt pouvait s'estimer satisfait : n'avait-il pas reçu les lamentations orchestrées, les bénédictions, les larmes et les gémissements qu'on lui devait ? J'en fus pendant quelques jours bouleversé, mais confusément je soupçonnais que, si on rendait de tels honneurs au mort, c'était aussi afin de le mettre hors d'état de nuire, en le dispensant de revenir tourmenter les vivants.

Des corbillards, j'en avais vu de beaucoup plus beaux. Trois ans auparavant, j'avais assisté de loin aux funérailles solennelles du cardinal archevêque de Paris, qui avaient déployé leurs fastes inouïs dans les rues. Cette fois, le corbillard tout noir semé de larmes d'argent était surmonté de hauts plumets noirs. Les six chevaux, caparaçonnés de noir presque jusqu'aux sabots, en portaient aussi, dressés sur leurs têtes. Ce carrosse endeuillé était suivi par trois cardinaux en *cappa magna* violette dont l'extrémité de la longue traîne était portée par un jeune clerc. Jamais je n'avais contemplé pareil spectacle.

Dans ma famille, on respectait les usages, le moindre deuil, même lointain, devenait cérémonieux grâce à l'aînée de mes belles-sœurs, férue d'étiquette. Elle pouvait déterminer la durée du deuil pour chacun, selon son degré de parenté, le port des vêtements noirs, puis de brassards pour les hommes, et, pour la veuve, le moment où elle pouvait échanger son grand voile pour un plus petit, périodiquement réduit. Odette connaissait exactement les subtilités du demi-deuil et l'usage des couleurs qui passaient du noir au gris, puis au violet. À l'entendre si docte, je ricanais en sourdine. On s'en aperçut et on m'expédia au jardin. Pourtant, déjà, je comprenais vaguement qu'ainsi ritualisée, la mort était apprivoisée, moins inquiétante, puisque la vie finissait en apothéose.

Par rapport à ce que j'ai connu dans mon enfance, tout a changé. On ne meurt plus guère chez soi, mais à l'hôpital, anonymement. « Cette emprise de la médecine tend à assimiler la mort à une maladie et propulse médecins et soignants au chevet du mourant à la place du prêtre. La mort devient de plus en plus l'affaire des spécialistes : à côté du personnel hospitalier interviennent les professionnels de l'assurance, des pompes funèbres et, depuis peu, des psychologues, des thanatologues, des accompagnants divers[1]. »

Les agents des pompes funèbres se chargent de tout et il ne reste plus à la famille qu'à choisir parmi les catégories de cérémonies, de cercueils, de chants et de musiques à l'église, du nombre des voitures qui iront au cimetière, etc. Un vieux maître zen de mes amis, à l'un de ses élèves qui se plaignait de ce que la méditation ne lui avait pas encore permis de résoudre le problème de son rapport à la mort, répondit : « Mais vous n'aurez pas à le résoudre, ce sera l'affaire des pompes funèbres, pas la vôtre. Et elles, elles s'y connaissent. » Aujourd'hui, plus de veillées funèbres ni de cortèges, plus de corbillard, mais une fourgonnette pimpante, à peine identifiable dans le flot de la circulation. On se débarrasse au plus vite de l'encombrant importun mais, pour lui faire honneur, on le couvre de fleurs. Ainsi, vers la fin de la canicule mortifère de 2003, nous demandions à deux amis fleuristes venus nous rendre visite comment ils avaient supporté les grosses chaleurs : « Oh, nous, on ne peut pas se plaindre, on a eu un très bon mois. Qu'est-ce qu'on a fait comme couronnes ! » La Toussaint est encore d'un meilleur rapport, moins aléatoire, les foules envahissent les cimetières, allant porter aux chers défunts leur pot de chrysanthème annuel, avec la bonne conscience d'avoir accompli leur devoir. N'en demeure pas moins la longue cicatrisation de la douleur de la perte, de l'absence, mais là aussi, désormais, des spécialistes se chargent de tout. Ainsi, les psychothérapeutes voient grossir leur clientèle. En cas de catastrophes collectives, les pouvoirs publics compatissants constituent des « cellules de crise », confiées à des psychologues et psychiatres compétents.

La question que l'on peut encore se poser est : à quoi rend-on hommage, au juste ? À un corps en décomposition qui repose dans un beau cercueil capitonné. J'en ai vu de vraiment confortables et même de fort coquets, aux oreillers moelleux, bordés de dentelle. Quel rêve de pourrir là-dedans au fond d'un caveau humide, dans un beau cimetière ombragé de vieux arbres, au milieu de gens auxquels on n'a même pas été présenté, en attendant quoi ? La résurrection ?

À la campagne, tout le village est « d'enterrement ». C'est un devoir auquel je n'ai pu échapper. Si les dames se rendent à l'église, les hommes qui auraient honte d'y entrer se rassemblent dans le cabaret voisin. J'y suis allé avec eux. On évoquait, mais brièvement, les mérites du mort : « C'était tout de même un bien brave homme », on s'étendait davantage sur sa maladie : « Le pauvre, heureusement qu'il est parti, il souffrait le martyre ! » Mais je sentais, derrière ces paroles de convenance, un immense soulagement : « C'était son tour à lui, ç'aurait pu être le nôtre. Nous voilà tranquilles pour un moment ! » Et tous s'en sentaient revigorés, ragaillardis.

L'inhumanité anonyme du traitement des mourants dans les hôpitaux a fort heureusement suscité une réaction salutaire, la naissance dans les années soixante-dix des « soins palliatifs », aujourd'hui très répandus, malgré une longue résistance de la majorité du corps médical par eux indirectement culpabilisé. Mais les pratiquer, n'était-ce pas reconnaître que la mort est inéluctable, cesser de la nier, la « dénier » ? Ce que j'ai entendu dire par les personnes qui pratiquent l'accompagnement des mourants m'a appris bien des choses, et pas seulement la confirmation de ce que je croyais déjà savoir. L'une d'elles m'a dit : « J'assiste à des agonies presque chaque jour. Au début, j'étais bouleversée par le spectacle des derniers symptômes qui sont en effet très impressionnants. On m'avait bien expliqué qu'il ne s'agissait plus que de réflexes inconscients, mais il m'a fallu du temps pour que je le constate par moi-même. » Il en va certainement de même avec l'expression d'apaisement que l'on croit lire sur le visage de la plupart des défunts. Elle est tout aussi organique et provient du relâchement des muscles. Cette amie avait autre chose à me confier :

« Toutefois, le moribond a encore assez de conscience pour être sensible au toucher, une main amicale, une présence compatissante le rassurent. Il cesse alors de se débattre, il s'apaise peu à peu, et la fin devient facile.

– Telle est la justification de l'efficacité des soins palliatifs, mais, pour les pratiquer efficacement, ne faut-il pas d'abord avoir accepté sa propre mort ? lui ai-je demandé.

– Certainement, mais en retour, ces soins que

vous prodiguez peuvent vous donner l'assurance que l'on peut soi-même bien mourir. »

Ces soins nécessitent aussi la discrétion de l'accompagnateur, utilement soulignée par Patrick Verspieren dans son livre *Face à celui qui meurt. Euthanasie, acharnement thérapeutique, accompagnement* : « Accompagner quelqu'un, ce n'est pas le précéder, lui indiquer la route, lui imposer un itinéraire, ni même connaître la direction qu'il va prendre ; mais c'est marcher à ses côtés, en le laissant libre de choisir son chemin et le rythme de son pas. »

La récente remise en considération du phénomène de la mort et les progrès des techniques de réanimation artificielle ont conduit à l'étude des situations intermédiaires entre la vie et la mort : les comas. Ainsi a-t-on pu distinguer et décrire, suivant l'altération croissante des fonctions de relation, quatre types de comas, dont les deux derniers seulement peuvent avoir pour issue la mort, le « coma profond » et le « coma dépassé ». Le premier, qui perturbe gravement l'ensemble des fonctions végétatives, engendre une respiration précipitée qui a pour conséquence une accélération du rythme cardiaque et, de ce fait, une augmentation de la pression artérielle pouvant aboutir à une défaillance circulatoire, le collapsus. Toutefois, la réanimation demeure encore possible à ce stade. Elle ne l'est plus au stade suivant, celui du coma dépassé, ou « mort cérébrale », qui implique la perte totale et irréversible de l'activité du cerveau, même si le fonctionnement du système cardio-vasculaire est maintenu artificiellement. La mort cérébrale correspond aujourd'hui à la mort légale.

Je note au passage que l'on pourrait établir une certaine correspondance entre les stades du coma ainsi définis et les états successifs du mourant, tels qu'ils sont décrits dans le *Bardo Thödol*, le mot tibétain *bardo* signifiant justement « état intermédiaire ».

C'est généralement au stade du « coma profond » que peuvent survenir les NDE (*Near death experiences*) ou « expériences de mort approchée ». Je me souviens du bruit que fit la publication, en 1975 en France, de la traduction du livre d'un jeune professeur de philosophie américain devenu médecin psychiatre, Raymond Moody, *La Vie après la mort* (*Life after life*). Moody y rapportait les témoignages de cent cinquante personnes ayant vécu des « expériences de mort approchée », et qui les avaient relatées après leur réanimation en unités de soins intensifs[2].

Ce fut comme une vague de fond qui aurait fait remonter à la surface des épaves oubliées, dont on s'apercevait avec stupeur qu'elles n'avaient jamais cessé de vivre, même englouties. L'ouvrage suscita un mouvement d'enthousiasme excessif du public, suivi d'une virulente réaction du milieu scientiste toujours au pouvoir. Les uns y voyaient la preuve d'une existence post mortem, opportune en ce temps d'incroyance et de dénégation, les autres dénonçaient une imposture, sinon une sorte de conspiration montée de toutes pièces afin de réhabiliter des superstitions d'un autre âge.

Depuis trente ans, les choses ont bien évolué. Expériences et analyses critiques se sont multipliées, grâce aux travaux ininterrompus d'équipes rassemblant des médecins spécialisés, des psychiatres, des psychologues, des sociologues et des ethnologues. Aujourd'hui, la réalité de tels phénomènes n'est plus guère contestée. En revanche, les tentatives d'interprétation sont multiples, discordantes, sinon contradictoires. Si les hypothèses réductionnistes – elles-mêmes divergentes – qui ne font intervenir que la neurochimie furent très vite dépassées, celles émises par les psychiatres et les psychanalystes, et même certains cardiologues, plus recevables, demeurent encore insuffisantes et incomplètes et l'on peut dire qu'aujourd'hui le mystère subsiste. Mais est-il totalement explicable ? Telle est la question que l'on peut se poser.

En revanche, qu'il puisse s'agir d'une sorte de remontée de l'inconscient collectif refoulé ne fait guère de doute. Très tôt ont été signalées des ressemblances frappantes entre les récits des rescapés des NDE et les *Livres des morts*, égyptien et surtout tibétain ; plus récemment mentionnées, à juste titre, les nombreuses « Visions de l'au-delà » que nous a léguées le Moyen Âge, tels les « Voyages aux îles des Bienheureux », *Le Purgatoire de saint Patrice*, *Le Songe d'Enfer* et *La Voye de Paradis* de Raoul de Houdenc (XIIIe siècle), auxquelles on pourrait adjoindre *La Divine Comédie* de Dante. Les plus caractéristiques de ce genre de récits qui visent à l'édification du lecteur rapportent l'aventure d'un clerc, plus rarement d'un laïc, qui, au cours d'une nuit de fièvre, se sent comme aspiré et se retrouve transporté dans l'au-delà où le plus souvent il assiste aux supplices des damnés ou est le témoin de la béatitude des élus.

L'important cependant, et on l'a souligné, est que l'on ne puisse qualifier les NDE d'incursions dans l'autre monde, pour la bonne raison que ceux qui y auraient pénétré n'auraient pu en revenir, mais l'on ne peut guère contester qu'ils l'aient vraiment approché, même s'ils n'ont pas franchi la frontière, ce que confirmeraient les études récentes sur les étapes du coma que je viens de mentionner.

De toutes manières, on ne peut nier non plus que semblables résurgences s'inscrivent dans un mouvement plus vaste de retour vers le spirituel qui marque notre époque. Est à cet égard symptomatique l'intérêt de nos contemporains pour des questions naguère interdites dont témoigne la multiplicité des publications traitant de ces sujets, notamment une grosse anthologie, *La Mort et l'Immortalité, encyclopédie des savoirs et des croyances*, de près de mille sept cents pages, à laquelle ont collaboré quelque quatre-vingts auteurs représentant les disciplines les plus diverses.

Dans leur livre *The Mystical Mind*, publié en 1999[3], deux psychiatres américains apportent à l'enquête sur les NDE des éléments complémentaires que je trouve très éclairants. Ils établissent en effet des rapprochements entre les NDE, d'une part, et les utilisateurs des drogues dites « d'expansion de la conscience » (LSD, mescaline et psylocibine), et, d'autre part, avec de plus importants développements, les méthodes de méditation orientales, en particulier bouddhiques, à la fois organiques et psychiques. S'étant assuré la collaboration de méditants du bouddhisme tibétain, ces deux psychiatres ont pu, grâce à des moyens d'investigation neurophysiologique, mettre en évidence les changements de fonctionnement des différentes zones du cerveau, selon la progression de la méditation, leurs observations ayant été ensuite corroborées par les méditants en fonction de ce qu'ils avaient intérieurement ressenti. De telles expérimentations et observations à la fois externes et internes semblent du plus haut intérêt, et ce dans les deux sens, puisque, d'une part, elles confirment et expliquent la réalité physiologique, donc la validité des effets de la méditation et, d'autre part, elles permettent aux méditants de mieux comprendre ce qui leur est arrivé.

Avec ce retour, ce retournement, ont aussi réapparu les fantômes que l'on avait crus définitivement exorcisés, par suite de la mise en place d'une discipline nouvelle, issue de la psychanalyse, la « psychogénéalogie[4] ». Ces fantômes seraient les aïeux que l'on n'a pas connus, les ancêtres dont on a entendu parler, dont les échecs, les humiliations, les inaccomplissements, mais aussi les agissements restés secrets, voire ce qui les a conduits à se suicider, se sont transmis à leurs descendants, entraînant un conditionnement familial dont ceux-ci peuvent devenir les victimes. Un tel conditionnement peut expliquer les blocages et les résistances rencontrés en cours d'analyse – c'est d'ailleurs par suite de la constatation de tels accidents de parcours, autrement inexplicables, que fut élaborée cette méthode de soin spécifique.

Personnellement, de la mort, je ne pense rien, ce qui ne veut pas dire que je n'y pense pas. Je dirais que, lorsque j'y pense, c'est à la manière de Han-shan, le poète chinois du VIIe siècle, adepte du tch'an-zen :

> « *Pourquoi opposer vie et mort ?*
> *C'est comme l'eau et la glace.*
> *Quand l'eau gèle, elle devient glace,*
> *Avec le dégel, elle coule à nouveau.*
> *Tout ce qui meurt doit renaître,*
> *Tout ce qui naît retourne à sa source.*
> *Glace et eau ne s'offensent pas l'une l'autre,*
> *Vie et mort sont belles tour à tour.* »

J'ai toujours aimé ce poème, je l'aime encore davantage depuis que j'ai appris par une mère à qui j'avais recommandé de le méditer que sa fille âgée de dix ans, qui l'avait lu, lui avait dit : « Maintenant, j'ai tout compris. » Peut-être en suis-je là, moi aussi. Disons que j'attends le dégel, et même la débâcle, avec confiance. Ils sont aussi certains que le printemps après l'hiver.

4

Peut-on asservir la nature ?

Nature : voici un mot, semble-t-il, qu'il n'est point besoin de définir, tout le monde le comprend. Cependant, si l'on interroge celui qui vient de l'employer, il ne peut préciser ce qu'il entend par là. Pour l'un, la nature est ce qui l'entoure, son cadre de vie, mais n'est pas lui. Telle est l'opinion la plus répandue, celle que véhiculent la plupart des dictionnaires. Le *Larousse du xxe siècle* de mon enfance définit ainsi le mot « nature » : « Ensemble des êtres et des choses *par opposition* à l'homme. » Plus subtil et moins tendancieux est le bon vieux *Littré*. Du mot « nature », il donne vingt-neuf acceptions possibles, dont les plus générales et les plus communes sont : « Ensemble de tous les êtres qui composent l'univers » ; « Ordre établi dans l'univers ou système des lois qui président à l'existence des choses et à la succession des êtres » ; « Sorte de personnification de l'ensemble des lois naturelles, puissance des choses naturelles, force active qui établit et conserve l'ordre naturel ». *Littré* s'efforce, lui, à l'impartialité, sans y parvenir tout de même.

Si la nature nous est intérieure, nous pouvons l'exploiter, la modifier et même la détruire, tandis que, si nous lui appartenons, s'il y a une « nature humaine », tout change ; en compromettant son ordre, en le détruisant, nous en acceptons la conséquence inéluctable : notre propre destruction. Dans le contexte contemporain, la nature est l'objet d'une polémique, point toujours exprimée, mais latente.

Il y a ceux qui entendent la traiter comme une matière brute, inépuisable, à exploiter, les « ressources naturelles », et qui la violent, rêvant de lui substituer un monde à ce point remodelé qu'il ne sera plus qu'humain. Pour ces gens-là, la nature n'est qu'une contrainte extérieure, à laquelle, le progrès aidant, l'homme n'a plus à se soumettre ; elle est finalement un désordre plein de dysfonctionnements et de menaces auquel l'homme se doit de remédier, qu'il a à remettre en ordre. À ceux-ci tentent, vainement d'ailleurs, de s'opposer les « défenseurs », les « protecteurs » de la nature. Elle est pour eux une mère qu'il faut défendre contre les brutalités d'un mâle tyrannique, d'un père. Les uns comme les autres ne feraient-ils pas qu'obéir à leur complexe d'Œdipe, positif ou négatif ?

Tout cela n'est pas nouveau, c'est une longue, une très vieille histoire, dans laquelle chacun prend parti, le plus souvent inconsciemment. Plutôt que de recourir encore aux définitions tendancieuses des dictionnaires, je m'en tiendrai, provisoirement, à celle, apparemment plus impartiale, qui a pour caution le *De natura rerum* de Lucrèce : « Force active qui a établi et maintient l'ordre de l'univers. » Telle est, à peu près, l'opinion de Kant : « La Nature est l'existence des choses en tant que déterminée par les lois universelles [1]. » Excluant le hasard, mais faisant abstraction d'un Dieu créateur, tout en reconnaissant qu'il existe un ordre et des lois, ces deux définitions paraissent acceptables par tous.

Puisque je viens de citer un auteur latin, demandons-nous maintenant quelle est l'origine du mot. *Natura,* nous disent les étymologistes, est dérivé de *natus,* participe passé du verbe *nasci,* « naître », lequel provient de la racine indo-européenne *gen-* ou *gne-* qui exprime la notion de « naître, engendrer ». *Natura* signifie donc d'abord « fait de naître », en mode passif, et, en mode actif, « action de faire naître », distinction qui correspond à celle de la « nature naturante » et de « nature naturée » de la scolastique médiévale. La « nature naturée » n'agit pas d'elle-même, elle est agie, elle est action de Dieu, sa création née de rien. Selon la Genèse, le péché du premier homme a entraîné la nature dans sa chute. Elle est devenue, elle aussi, pécheresse, corrompue comme la nature humaine. Ainsi, les animaux qui vivaient paisiblement les uns avec les autres ont commencé à s'entre-dévorer. Il y eut désormais des carnivores.

Avec le triomphe du judéo-christianisme, cette histoire sinistre est devenue la nôtre : quoi que nous fassions ou pensions, nous en sommes encore, plus ou moins consciemment, prisonniers. Dès lors, chez les penseurs athées, la nature s'oppose à un dieu, devenu une « hypothèse inutile », la nature à la grâce chez les croyants au XVIe siècle, la nature à la société au XVIIIe, enfin, plus récemment, la nature à la culture.

Chez Lucrèce, *natura* traduisait le grec *phusis*, mais en limitant sa portée qui est beaucoup plus vaste, plus éclairante, aussi, et mérite de ce fait qu'on s'y arrête. *Phusis* dérive du verbe *phuô*, « pousser, croître » et « faire pousser, faire croître ». Le mot s'applique particulièrement à la croissance végétale, au développement de la plante (en grec, *phuton*), à partir de la graine. *Phuteuô* veut dire « planter » et seulement secondairement « engendrer, procréer ». Tandis que *natura* en latin semble partir de la naissance animale, le grec *phusis* remonte plus haut, il reconnaît l'antériorité nécessaire du végétal sur l'animal qui s'en nourrit.

Phusis vient de la racine indo-européenne *bheu*, « croître », qui a donné en sanskrit *bhava*, le « devenir » et, en grec, non seulement *phuô*, « pousser, croître », mais *phusikos*, « qui concerne la nature », qui a donné en français la « physique », désignant d'abord la science de la nature, les « sciences naturelles », et *phusiologoi*, « ceux qui étudient la nature », les « physiologues », nom donné aux premiers « philosophes » grecs, lesquels ne portaient pas encore ce nom. De cette même racine *bheu-* procèdent les mots latins *fui,* parfait du verbe *esse,* « être », au sens de « j'ai poussé », donc « j'ai été », « je fus ».

Dans son *Introduction à la métaphysique*[2], Martin Heidegger insiste sur le sens originel de *phusis,* en particulier chez les physiologues ioniens, sens qui est beaucoup moins perceptible dans la traduction latine de *phusis, natura.* Pour Heidegger, les Latins s'étaient déjà « détournés du contenu originaire du mot grec ». C'est même « la première étape d'un processus de fermeture et d'aliénation de ce qui constitue l'essence originaire de la philosophie grecque ». Or, que dit le mot *phusis* ? Il dit ce qui s'épanouit de soi-même (par exemple, l'épanouissement d'une rose), le fait de se déployer en s'ouvrant et, dans un tel déploiement, de faire son apparition, de se tenir dans cet apparaître et d'y demeurer, bref, il dit la « perdominance » (le « règne », *das Walten*) perdurant dans un « s'épanouir » (*das aufgebend-verweilende Walten*).

« La *phusis* conçue comme épanouissement (*Aufgeben*) peut être partout, par exemple dans les phénomènes célestes (lever [*Aufgang*] du soleil), dans la houle marine, dans la croissance des plantes, dans la sortie de l'animal et de l'homme du ventre de leur mère... La *phusis* est l'être même, grâce auquel l'étant devient observable... » Ce rétrécissement du sens de la *phusis* en allant vers le « physique » ne s'est pas produit de la façon dont nous, hommes d'aujourd'hui, nous le représentons. Nous opposons au physique le « psychique », le mental, l'animé, le vivant. Mais tout ceci, pour les Grecs, et aussi ultérieurement, appartient encore à la *phusis*. À l'opposé de celle-ci les Grecs envisagent la *thèsis*, « position, statut », ou le *nomos*, « loi et institution », « règle » au sens de ce qui est moral (*das Sittliche*)... *Phusis* devient plus étroit par opposition à *technè*, ce qui ne désigne ici ni l'art ni la technique, mais un savoir qui a à sa disposition la faculté de faire des plans et des aménagements, et de maîtriser ces aménagements (cf. le *Phèdre* de Platon).

Pour les Grecs, selon Heidegger, *phusis* est « l'étant comme tel en totalité ». J'ajouterai : l'étant en son jaillissement, en son surgissement dont s'étonnaient et s'émerveillaient les physiologues, et qui provoquait leur questionnement, un questionnement auquel nul ne peut répondre, mais qui devrait être la démarche première et le moteur du philosophe, de tout philosophe.

Je reconnais que cet exposé de Heidegger peut paraître compliqué, sinon obscur, en raison de sa phraséologie personnelle, par exemple lorsqu'il emploie des néologismes de son cru comme « perdominence ». Mais c'est là sa façon d'épouser au mieux par le langage les méandres de sa pensée et de permettre à son lecteur de les suivre. Il me semble d'ailleurs que les images qui illustrent son propos – l'épanouissement de la rose, le lever du soleil, la houle marine, etc. – sont suffisamment évocatrices pour que l'on puisse comprendre et partager sa saisie, la justesse poétique de celle-ci. C'est du moins ce que j'éprouve en le lisant.

Changeons maintenant d'horizon. Interrogeons d'autres sagesses, d'autres philosophies, aussi différentes que possible des nôtres, afin de voir si elles ne pourraient pas nous procurer d'autres points de vue, complémentaires ou contradictoires par rapport à ceux que nous avons déjà recueillis.

Je me référerai seulement, en le résumant et en le simplifiant, au système qu'expose une philosophie tout aussi originelle et primordiale que celle des Grecs, la philosophie indienne.

Elle se divise en multiples rameaux qui sont autant de voies, autant de points de vue représentés par plusieurs écoles, les *darshana*. Parmi eux, je choisirai le *Sâmkhya*, ses développements et ses prolongements qui l'ont tenu en marche jusqu'à nos jours. Il est de ce fait à la fois contemporain et le système de pensée le plus proche, ou le moins éloigné, de la philosophie occidentale, donc pour nous le plus accessible.

Dans le *Sâmkhya*, le nom qui correspond à peu près à *phusis*, plus qu'à *natura*, est *prakriti*. Le mot dérive de la racine indo-européenne *kr-* ou *kre-*, « faire », qui a donné le latin *creare*, lequel voulait dire « faire pousser » avant de signifier « créer », et *procreare*, « procréer », qui ressemble fort à *prakriti*. Ce nom féminin, comme *phusis* et *natura*, désigne la nature initiale, la matière active, origine du monde, dont elle est la cause et le moteur. On l'appelle également *avyakta,* la « non-déployée », et son déploiement n'est pas une création au sens où nous l'entendons : on le dénomme *srishti,* « production », au sens d'émission, de sécrétion, d'écoulement.

Notons ici l'extrême précision des termes, la prudence et la minutie avec lesquelles ils sont employés, afin d'exprimer au plus juste, en évitant au maximum toute formulation trop anthropocentrée, un processus naturel subtil.

Prakriti est le monde des phénomènes, mais elle ne se déploie qu'en présence de *purusha,* lequel lui est aussi indissociable que le *yang* l'est du *yin.* Ce mot masculin implique « plénitude » (*puru*), donc autosatisfaction, pour l'étymologie traditionnelle. *Purusha* est conscience pure et sereine, pour qui le non-manifesté se manifeste. Il n'est pas dit que *purusha* féconde *prakriti,* il suffit qu'il soit présent pour que se déclenche le processus créateur. *Purusha* n'est que le « spectateur » à qui la séductrice *prakriti* se donne en spectacle en ses émanations incessantes, en ses métamorphoses infinies, que l'on compare à des parures indéfiniment renouvelées. De même, en grec, le mot *kosmos* ne signifie-t-il pas seulement l'« ordre de l'univers », mais les ornements, les parures féminines.

Le déploiement de *prakriti* est *mâyâ,* dont le sens d'« apparence trompeuse », d'« illusion », est tardif, alors que le mot, issu de la racine *ma-*, « mesurer », d'où « former, construire », désignait antérieurement la magie des divinités créatrices, donc le monde réel qui résultait de leur action[3]. *Mâyâ* est aussi *lîlâ,* le « jeu », le « divertissement » du ou des créateurs qui créent, soutiennent et détruisent les mondes par pure joie de le faire, donc d'une manière incompréhensible aux hommes. Pour ces derniers, il ne peut y avoir de pourquoi à la création.[4]

Seulement *purusha* désigne aussi, au sens premier, l'homme, du moins l'homme cosmique, lequel est par lui-même « principe spirituel » opposé au principe matériel (*prakriti*), et le « but ultime de l'homme », *purushârta,* c'est-à-dire sa délivrance, conditionne en quelque sorte le maintien du monde manifesté, dont l'homme a à faire l'expérience, avant de se rendre compte qu'il est prisonnier de l'illusion et, par suite, souhaiter et être capable de s'en libérer. Car, en définitive, disent les métaphysiciens de l'Inde, la *prakriti* est à la fois illusion (*mâyâ*) et éveil (*buddhi,* de la racine *budh-,* « s'éveiller »), qui est disparition de l'illusion, le reflet du principe spirituel conscient, l'inconscient, le latent, le potentiel, devenu conscient et manifesté. En tant que *mâyâ* séductrice, la *prakriti* enchaîne l'homme, mais, en tant que *buddhi,* elle le libère, quand il est parvenu à la compréhension. La délivrance n'est qu'un changement de perspective, un retournement, un renversement, le passage de l'illusion à la désillusion.

« Comme une danseuse s'arrête de danser après s'être montrée sur la scène, ainsi la Nature disparaît, après s'être manifestée à l'Esprit dans les différents rôles de l'Intellect, de l'ego, des éléments subtils et grossiers... L'Esprit n'est lié, ni libéré, ni transmigrant, c'est la personnalité produite par la Nature, qui, sous des aspects divers, était, transmigrait, est libérée[5]. »

Voilà un tour d'horizon des explications que peuvent nous fournir sur l'origine, la genèse et le fonctionnement de la nature les principaux systèmes cosmologiques. N'appartiendraient-ils qu'au passé, à un mode de pensée qui serait désormais révolu ? On aurait pu le croire il y a peu. Mais, devant la faillite de la vérité instituée, les incertitudes présentes de la science, le désarroi de l'homme contemporain et le besoin d'un système cohérent sur lequel il puisse s'appuyer, on y revient aujourd'hui, afin de voir s'ils ne pourraient pas apporter quelques éléments susceptibles de répondre aux préoccupations de nos contemporains. Si je les ai évoqués longuement ici, c'est, pour moi, dans le but d'approcher au plus près d'un mystère, qui doit et ne peut demeurer qu'un mystère, dans la mesure où nous sommes en lui immergés.

La science, elle, se propose, ou plutôt se proposait, de dissiper les mystères. Qu'a donc à nous apprendre à ce sujet la science contemporaine ? Finalement, assez peu de choses qu'elle-même ne mette pas en doute. Nombre de scientifiques contemporains, souvent parmi les plus éminents, reconnaissent modestement que la science est, par sa nature même, incapable d'expliquer tout à fait quoi que ce soit, ou qu'elle ne peut expliquer que le comment mais en aucune façon le pourquoi. Einstein l'avait déjà souligné : « La question maintenant est de savoir si l'homme de science est en contact avec la réalité, ou même s'il peut nourrir l'espoir de l'être jamais[6]. » De son côté, Lacan remarquait : « Ce qui se transmet et tend à se constituer est un immense message où tout le réel est peu à peu retransposé, recréé, refait. La symbolisation du réel tend à être équivalente à l'univers, et les sujets n'y sont que des relais, des supports[7]. » Ainsi est-on insidieusement passé du réel au virtuel. Les savants ne travaillent que sur un équivalent mentalisé de l'univers, sur une image qui correspond aux structures du psychisme humain. La référence aux principes mathématiques et à leur efficacité est elle-même mise en doute, depuis la formulation du « théorème d'incomplétude » de Kurt Gödel. Ce n'est donc qu'au réel « refait » que peut s'attaquer la recherche scientifique, l'astrophysicien contemporain Trinh Xuan Thuan parle même d'une préalable « fabrication du Réel ».

Cependant, la science actuelle semble sûre de son fait, lorsqu'elle énonce une théorie nouvelle sur la genèse du monde, qui a fait beaucoup de bruit, et pour cause, puisqu'il s'agit du big bang, de la grande « détonation » ou « explosion » originelle. S'il ne s'agit que d'une hypothèse, les scientifiques dans leur majorité la tiennent non seulement pour valable, mais pour vérifiée

– encore que l'on puisse se demander comment l'on a pu vérifier, donc mesurer, les millionièmes de seconde supposés qui auraient suivi immédiatement le big bang ? Cette hypothèse, qui serait justifiée comme la meilleure des hypothèses possibles, ne saurait être considérée comme valable que jusqu'à preuve du contraire. Cependant, il faut bien reconnaître que, telle qu'elle nous est présentée, cette théorie a bien l'apparence d'un mythe des origines, et l'on est en droit de se demander s'il ne s'agirait pas d'une résurgence sournoise du créationnisme que l'on avait définitivement écarté, ce qui arrangerait bien certains.

La théorie du big bang aurait au moins l'avantage de compléter le panorama grandiose qui, partant de l'origine de l'univers, en passant par la genèse de la vie, telle que l'explique la biologie contemporaine par la chimie organique et l'informatique[8] en récusant tout autre mode d'explication, et la multiplication des espèces par la sélection naturelle, culminerait, à la dernière minute du compte à rebours des vulgarisateurs, avec l'apparition de l'homme, cime et chef-d'œuvre de l'évolution qui, émerveillée, aurait décidé d'en rester là.

Un tel panorama est-il convaincant ? Il serait couronné par les travaux des neurobiologistes relatifs à la conscience humaine, pour qui celle-ci serait émise par le cerveau[9]. Pensent-ils sérieusement pouvoir localiser la conscience ? À supposer que celle-ci ait une origine organique (ce dont on peut légitimement douter), pourquoi le cerveau plutôt que le cœur, par exemple ? En chinois, le mot *sin* (*xin*), écrit avec l'idéogramme qui représente le cœur, désigne le cœur/esprit. Et les premiers médecins grecs hésitaient quant au centre de la conscience, les uns le plaçant dans le cerveau, les autres dans le cœur. De toutes façons, la pensée est-elle organiquement localisable ? Certains biologistes admettent que toutes les cellules, quelles qu'elles soient, ont un certain mode de pensée, tout au moins embryonnaire. Tout notre organisme penserait. Est-on obligé de croire que pensée, conscience ou esprit ont nécessairement besoin de la matière, sinon comme support provisoire ? Même les propos prudents de l'évolutionniste spiritualiste que fut Teilhard de Chardin ne sont plus admissibles aujourd'hui, lorsqu'il écrit, par exemple, dans *Le Phénomène humain* : « Quand j'essaierais de me figurer le monde avant les origines de la Vie, ou la Vie au léozoïque, je n'oublierais pas qu'il y aurait contradiction cosmique à imaginer un Homme spectateur de ces phases antérieures à l'apparition de toute Pensée sur Terre. Je ne prétendrais donc pas les décrire comme elles ont été réellement, mais comme nous devons nous les représenter afin que le Monde soit vrai en ce moment pour nous : le Passé, non en soi, mais tel qu'il apparaît à un observateur placé sur le sommet avancé où nous a placés l'Évolution[10]. » Pourquoi « devrions-nous » nous représenter les choses ainsi et sommes-nous assez bornés pour croire que nous sommes placés sur un « sommet avancé » ? Qui nous prouve qu'il n'en existe pas de plus haut d'où un observateur éventuel aurait un tout autre point de vue ?

Évidemment, il existe des « sciences naturelles », au passé glorieux, que la récente promotion des prétendues « sciences humaines » a quelque peu éclipsées, de telle sorte qu'elles ont beaucoup moins évolué que les sciences dites « exactes », au point que leurs méthodes s'inspirent encore du vieux positivisme scientiste et utilitaire et auraient besoin d'être renouvelées. Y prévaut l'expérimentation en laboratoire au détriment de l'observation dans la nature, avec des résultats parfois surprenants, ainsi qu'en témoigne l'anecdote bien connue de l'interprétation du comportement aberrant de la mante religieuse. Ce comportement avait été élucidé par des travaux faits et répétés en laboratoire, d'où résultait une conclusion certaine : aussitôt après l'accouplement, la femelle se retournait, dévorait le mâle en vue de se procurer les protéines nécessaires au développement des futurs embryons, explication qui traîne encore dans la plupart des manuels. Cependant, un chercheur quelque peu sceptique a repris ces expériences, mais dans d'autres conditions, en milieu ouvert, alors que ses prédécesseurs les avaient réalisées en milieu clos, de telle sorte que le mâle ne pouvait s'enfuir à temps, ainsi qu'il le fait dans la nature, tandis que la femelle est libre de se procurer autrement lesdites protéines.

Cette ridicule mésaventure, preuve évidente, s'il en était besoin, du fait que l'expérimentateur conditionne l'expérience au point d'obtenir d'elle ce qu'il souhaitait, aboutissant à la glorieuse conclusion : CQFD, n'a pourtant pas conduit à réviser les méthodes en cours dans ce domaine. L'ornithologie, telle qu'on l'enseigne officiellement aujourd'hui, soutient encore dogmatiquement que le chant des oiseaux est inné et stéréotypé et qu'il a pour fonction de délimiter le territoire de la nichée pour la défendre. De telles affirmations réductrices sont radicalement contredites par n'importe quel ornithologue « de terrain », ce que nous sommes, Simonne et moi, depuis cinquante ans, et ne peuvent que perturber l'observation directe. Tout naturaliste sans préjugés et un tant soit peu attentif reconnaît dans les chants de la grive musicienne ou du rossignol d'audacieuses improvisations dont le chanteur lui-même s'émerveille et qu'il reprend quand elles lui semblent réussies. Pour celui qui sait écouter, le chant du merle à l'aurore et au crépuscule célèbre avec jubilation la splendeur du lever et du coucher du soleil, et la tendre mélancolie du chant du rouge-gorge à l'automne reflète l'apaisement qui succède aux turbulences de l'été.

De même, l'observateur naturaliste, s'il ne nie pas l'évidence du mimétisme animal, peut mettre en doute la pertinence des interprétations étroitement rationalistes qui ont généralement cours. Des travaux récents ont démontré que la soi-disant utilité générale du mimétisme restait à prouver. En effet, il arrive que des camouflages, en principe destinés à rendre peu visible aux prédateurs l'animal dans son milieu, aient l'effet exactement contraire et le dénoncent à ceux-ci, tandis que d'autres travestissements, semblables aux déguisements les plus extravagants du carnaval, sont purement gratuits. Qui s'amuse ainsi ?

Quant au concept de biodiversité dont on parle tant aujourd'hui, la justification que l'on en donne est, elle aussi, indûment réductrice. Si la nature n'avait pour fin, comme on le prétend, que de coloniser toutes les niches écologiques disponibles, cela ne suffirait pas à expliquer la quasi-infinité des espèces. Une telle prolifération d'inventions de formes – dont certaines sont fantaisistes et, d'un point de vue humain, inutiles – pourrait presque faire penser qu'il s'agit d'une sorte de divertissement, de « jeu cosmique » (*lîlâ*, dans la cosmologie hindoue) d'un dieu qui serait un artiste plein d'humour.

Seuls quelques éthologistes courageux sont arrivés à sortir de l'impasse, débordant l'ancien système et privilégiant l'observation, non seulement attentive, mais sympathique. Après avoir soigneusement étudié les moyens sensoriels et psychiques dont l'animal dispose et son appréhension probable du milieu où il vit, ils s'efforcent de se situer non plus au-dehors, mais au-dedans. Les fondateurs de la nouvelle écologie, l'Autrichien Konrad Lorenz, le Hollandais Niko Ileas Tinbergen et l'Allemand Karl von Frisch étaient des dissidents, des empiriques, comme l'avait été, longtemps auparavant, un modeste chercheur, autodidacte et isolé, J.H. Fabre, leur génial précurseur. Les éthologistes écartant tout présupposé théorique, ils furent pris à partie par les behaviouristes et ne réussirent qu'avec le temps, en multipliant travaux et découvertes, à imposer finalement leur point de vue. Leur emblème, l'image d'un vieux savant barbu, Konrad Lorenz, plongé dans l'eau, barbotant avec de petites oies qui le prenaient pour leur mère, nous faisait rire aux larmes, mon épouse Simonne et moi.

La lecture enthousiaste et assidue que nous fîmes tous les deux dans les années cinquante des traductions des livres de Lorenz, Tinbergen et von Frisch, celle aussi des *Souvenirs entomologiques* de Fabre nous donnèrent à la fois la base et l'élan nécessaires pour orienter notre futur mode de vie, la symbiose avec le milieu naturel, dans lequel nous avions choisi de vivre, l'incessante collecte d'observations minutieuses qui nous permettaient de le connaître, de le comprendre et, par-là, d'en profiter.

Je ne reviendrai pas ici sur les aventures dans lesquelles nous nous étions de ce fait engagés, et qui ne finiront qu'avec notre vie, nous laissant la satisfaction de l'avoir bien et pleinement vécue. Je n'y reviendrai pas, car j'en ai déjà beaucoup parlé et écrit.

Notre enfance, il est vrai, nous y avait tous deux préparés. Mes premiers pas, je les ai faits à Paris, mais au Jardin des Plantes, mon premier lieu initiatique. Remontent en ce moment à ma mémoire des souvenirs anciens, mais toujours présents. À Langrune, au bord de la Manche, où j'ai passé toutes mes grandes vacances, de ma première à ma huitième année, je me revois déambulant parmi les laisses de mer où les vagues avaient apporté en tas des coquilles déshabitées, menus chefs-d'œuvre d'architectonique naturelle, doublés au-dedans de nacre irisée, comme si l'animalcule avait voulu fixer au plafond de sa demeure un reflet du ciel. Je collectionnais les coquillages avec la même passion que les timbres multicolores qui me faisaient voyager dans le monde entier, bouleversé dans l'un comme dans l'autre cas par l'inépuisable diversité sérielle de la nature.

L'enfant remarque ce que l'adulte ne voit plus, ou ne voit pas. Au témoignage des miens, j'étais un investigateur infatigable et intrépide qui ne s'en laissait pas conter. Le jardin familial, à Nogent-sur-Marne, où j'ai vécu de huit à treize ans, reste dans ma mémoire comme une sorte de paradis terrestre, le lieu d'innombrables découvertes, celle, par exemple, du rutilant scarabée doré qui courait dans la tranchée que je venais d'ouvrir. Je me souviens encore de mon émoi devant une bestiole, comme je m'imaginais qu'il en pût exister, une salamandre pourpre et feu, dans une petite mare au fond d'un trou, ou devant le petit monstre cornu, chu à mes pieds, dont on m'apprit que c'était un lucane cerf-volant, de ma stupeur devant la lumière clignotante des vers luisants. Et il y eut tant d'autres émerveillements...

En somme, je puis dire aujourd'hui qu'entre mon enfance et ma vie présente n'existe nulle discontinuité. Cette curiosité toujours en éveil ne m'a jamais quitté. Lorsque nous avons vécu ensemble, Simonne et moi, l'échange de nos sensations du moment, résonnant en écho, les multipliait. Au bord de la Méditerranée, en Corse, en Provence, à Port-Cros, à Porquerolles, les paysages invisibles que nous découvrions, masqués, lors de nos promenades sous-marines, nous comblaient, car les côtes rocheuses conservaient encore une faune et une flore d'une magnificence à couper le souffle. C'était il y a un demi-siècle, en un temps où nous visitions Delphes, Mykonos, Louxor ou Paestum, alors presque déserts. Mes voyages lointains, au Kenya et en Tanzanie, où je remplaçai à l'improviste un guide naturaliste, au Sénégal, aux îles Seychelles, en Amazonie, au Pérou, dans les Rocheuses, dans les Andes, dans l'Himalaya furent avant tout des expéditions botaniques et ornithologiques, d'où je rentrais fourbu, mais enchanté.

C'étaient, ce sont encore, ce que dans l'un de mes derniers livres j'appelle d'« éternels instants », que l'on pourrait ainsi nommer, si cela avait un sens, des instants d'éternité.

Lorsque je convoque, rassemble et examine mes souvenirs, je m'aperçois rétrospectivement, ce dont sur le moment je n'avais pas toujours pris conscience, que mes joies les plus vraies et les plus pures, des joies sans prix, puisqu'elles sont gratuites, m'ont été offertes le plus souvent par ces instants d'émerveillement qui sont aussi des épanouissements de l'être, de mystérieuses coïncidences, une communion allant jusqu'à la fusion où spectacle et spectateur ne font plus qu'un. Mais, pour se trouver dans de tels états, encore faut-il être seul, silencieux, attentif, absorbé dans sa contemplation, donc s'oublier soi-même : dès lors il n'y a plus de sujet ni d'objet.

Si je tente maintenant d'analyser et de comprendre un tel sentiment, la réaction que j'ai éprouvée en de tels instants privilégiés, qui sont des révélations, tout au long de ma vie, depuis ma toute petite enfance, rien ne peut mieux l'exprimer que deux mots grecs : *aléthèia* et *thaumadzein*, qui, comme par hasard, définissent la démarche première des plus anciens penseurs grecs, les physiologues, donc l'origine même de la pensée occidentale.

Aléthèia, que l'on traduit d'ordinaire par « vérité », en tant qu'opposée au mensonge ou à l'erreur, ou par « réalité », en tant qu'opposée à l'apparence, vient d'*alathein*, *a-* privatif et *lathein*, de *lanthanô*, « être caché, être ignoré, être oublié ». *A-léthèia* est donc le dévoilement du caché, la fin de l'ignorance ou de l'oubli, le rappel de ce que l'on avait oublié, le ressouvenir, le retour du souvenir, la réminiscence, au sens platonicien, la remontée à la conscience de ce que savait l'être, mais qu'avait oublié l'existant. Ce retour du souvenir peut, dans une certaine mesure, être rapproché de la « remontée du refoulé » depuis le subconscient, définie par Freud et qui, selon lui, provoque ce qu'il appelle l'« inquiétante étrangeté ».

Qu'est-ce donc qui est alors dévoilé ? Qu'est-ce qui auparavant était caché ? Une phrase d'Héraclite d'Éphèse (VIe-Ve siècle avant notre ère), le fragment 123[11], est à mon sens éclairante : La nature (*phusis*) aime à se cacher », phrase assurément énigmatique, mais qui, à mon sens, pourrait vouloir dire : la nature aime à se cacher (Héraclite emploie le verbe *krupteuô*, ce qui évoque le « crypté », le « mystérieux »), pour que nous la dévoilions ; elle aime à se cacher, mais a plaisir à être dévoilée, décryptée, comprise par l'homme.

Pour le méditant, le grec *aléthèia*, la vérité presque perçue sous l'apparence, pourrait être mis en correspondance avec la notion exprimée par le mot sanskrit *tathatâ*, qui ne se révèle clairement que dans la méditation. *Tathatâ* n'a pas d'équivalent dans nos langues, on le traduit approximativement en français par le néologisme « ainsité » (en anglais *suchness*), ce qui est en soi et par soi véritablement tel, la nature profonde et ultime des choses, indépendamment de ce que nous pouvons croire, juger, penser ou percevoir à leur sujet.

Le second terme grec que je perçois comme

complémentaire d'*alèthéia*, en tant que dé-voilement, dé-couverte, le verbe *thaumadzein*, est lui aussi intraduisible directement. Il signifie « s'étonner, voir avec étonnement », mais aussi « admirer, vénérer, honorer ». Cet « étonnement radical » (Heidegger), cet « ébahissement » (Einstein) furent ce qu'éprouvèrent devant la *phusis* les physiologues ioniens, précurseurs des philosophes et savants grecs (philosophie et science n'étant pas encore distinguées et séparées l'une de l'autre), ne faisant qu'une : la connaissance, la « gnose ». *Thaumadzein* vient de *thauma*, « objet d'étonnement, d'émerveillement », dont la racine grecque est *thaF*, *F* figurant le digamma, le double gamma, ancienne lettre grecque ayant le son du *w* anglais. Cette racine, écrite aussi *thea-*, qui signifie « contempler », a donné le verbe *theaomai*, « contempler, considérer, examiner », et aussi « être spectateur », par exemple au théâtre ; *theatron*, en grec, découle de la même racine, laquelle désigne l'action de regarder, le « spectacle », la « contemplation (des mythes ou des mystères), ce qui rejoint le mot *thauma*, dont est issu notre « thaumaturge », celui qui fait des « merveilles », des « miracles ».

En ce moment, je semble probablement vaticiner, mais vaticiner vient de *vates*, le « devin » qu'on appelle aussi en latin *divinus*, l'« inspiré des dieux » ; le devin est celui qui « devine ». En ancien français, le mot désignait le théologien, il n'a pris que tardivement son sens actuel combien dégradé.

Aussi vais-je, à l'appui de mes dires, convoquer deux autorités incontestables, Einstein et Spinoza. Du premier, je retiens ce passage : « La religiosité du chercheur [qu'Einstein a préalablement définie comme le troisième niveau, le plus élevé de la religion, la religiosité du chercheur scientifique] est un ébahissement extatique devant l'harmonie des lois de pensée et les agissements humains ne sont en comparaison qu'un reflet absolument négligeable. Je soutiens que la religiosité cosmique est le moteur le plus fort et le plus élevé de la recherche scientifique [12]. » De Spinoza, le philosophe occidental que je préfère à tous, je citerai ce qu'il dit dans l'*Éthique* (V, 38) des trois genres distincts de connaissance : du premier, qu'il dénomme l'« opinion », l'« imagination » ou la « connaissance par ouï-dire », ne peuvent naître que des idées « confuses et mutilées » ; le deuxième genre est pour lui la « raison discursive », telle la « démonstration mathématique », tandis que le troisième mode de connaissance ne relève que de l'« intuition », mais n'est valable que si « elle est ensuite contrôlée et vérifiée », constituant alors la « science intuitive », seule capable de parvenir à la compréhension « adéquate de l'essence des choses ».

Je ne divaguais donc pas autant que l'on pouvait le craindre. Quoi qu'il en soit, le résultat de ces dé-couverte et dé-voilement (*aléthèia*) et l'émerveillement (*thaumadzein*) qu'en moi ils suscitent sont la jubilation, la montée à travers tout l'être d'une joie qui s'empare de nous et nous submerge. Voilà, je ne le sais que maintenant, ce qui fut le fil conducteur de ma vie, le moteur qui l'a animée et l'anime encore.

5

L'homme ne serait-il qu'un animal comme les autres ?

Dans ses *Essais*, Montaigne écrit : « Nous ne sommes ni au-dessus ni en dessous du reste : tout ce qui est sous le ciel, dit le sage, court une loi et fortune pareille... Il y a quelques différences, il y a des ordres et des degrés : mais c'est sous le visage d'une même nature... Il faut contraindre l'homme et le ranger dans les barrières de cette police [les ordres et les degrés dont il vient de parler]. Le misérable n'a garde d'enjamber par effet au-delà ; il est entravé et engagé, il est assujetti de pareille obligation que les autres créatures de son ordre, et d'une condition fort moyenne, sans aucune prérogative, pré-excellence vraie et essentielle. Celle qu'il se donne par opinion et par fantaisie n'a ni corps ni goût ; et s'il est ainsi que lui seul, de tous les animaux, ait cette liberté de l'imagination et ce dérèglement de pensées, lui représentant ce qui est, ce qui n'est pas et ce qu'il veut, le faux et le véritable, c'est un avantage qui lui est bien cher vendu et duquel il a bien peu à se glorifier, car de là naît la source principale des maux qui le pressent : péché, maladie, irrésolution, trouble, désespoir...

« Pourquoi imaginons-nous en eux [les animaux] cette contrainte naturelle, nous qui n'en éprouvons aucun pareil effet ? Joint qu'il est plus honorable d'être acheminé et obligé à règlement [avec règle] agir par naturelle et inévitable condition, et plus approchant de la divinité, que d'agir règlement par liberté téméraire et fortuite ; et plus sûr de laisser à nature qu'à nous les rênes de notre conduite. La vanité de notre présomption fait que nous aimons mieux devoir à nos forces qu'à sa libéralité notre suffisance... Il n'est pas encore puissance d'acquérir une plus belle recommandation que d'être favorisé de Dieu et de nature[1]. »

Voilà, me semble-t-il, ce qui remet l'homme à sa place.

L'étonnant n'est-il pas qu'il y ait encore des savants pour affirmer que l'univers, qu'ils savent constitué de centaines de milliards de galaxies, contenant chacune des milliards de systèmes solaires, à moins que, selon certains, notre univers ne soit lui-même qu'une « composante infinitésimale » d'un système illimité de « multivers », ce qui, d'ailleurs, convenons-en, n'arrangerait rien, donc que cet univers ou ces « multivers » auraient été créés, ou se soient constitués pour l'habitant d'une seule minuscule planète, l'homme ?

La prétendue supériorité de l'homme, c'est lui qui se l'attribue. Par définition, l'animal est un être « animé », comme nous. L'homme n'est devenu homme qu'au terme d'une très longue évolution. Qui peut affirmer que celle-ci soit terminée ? Ne pourrait-on pas plutôt dire que l'homme, à en juger par ses méfaits, n'est pas encore humain, que, comme l'affirmait Francis Ponge, « l'homme est l'avenir de l'homme » ?

Qu'est-ce que l'homme pour les sciences naturelles ? Un primate bipède, mais ce qui le caractérise par rapport à ses cousins, les primates, et même par rapport à tous les autres animaux, c'est qu'il est nu. La station droite dont il est si fier est chez les autres mammifères une posture d'alarme qu'ils ne peuvent conserver longtemps. L'homme, lui, est toujours en « à l'arme ». Cependant, cette posture qui veut en imposer, il ne l'acquiert qu'avec peine quand il est petit et la perd quand il devient vieux. Il est, comme dans l'énigme du Sphinx, d'abord quadrupède et, enfin, tripède.

En revanche, la nudité n'existe que chez lui[2]. Chez tous les autres animaux, la chair est vêtue et protégée, chez les mammifères par un pelage épais, par les plumes chez les oiseaux, des écailles chez les poissons, des carapaces de chitine chez les insectes. En cherchant bien parmi toutes les espèces, on n'en trouve qu'une qui soit aussi nue que l'homme, l'axolotl du Mexique, animal rare, caché et longtemps énigmatique. Cet urodèle tient cette particularité du fait qu'il est une forme larvaire, capable cependant de se reproduire en cet état. Ce phénomène, qui n'est pas unique chez les batraciens, les savants l'appellent « néoténie ». Faut-il en conclure que l'homme serait un « néoténiste » qui s'ignore, un être qui aurait manqué sa métamorphose, comme l'axolotl qui aurait dû devenir, adulte, une sorte de salamandre ou de triton ? À voir son comportement infantile, on pourrait le penser. D'ailleurs, chez les axolotls albinos, et ils sont fréquents, la peau d'un rose tendre ressemble à celle du bébé.

L'évolution a longtemps tâtonné avant de donner naissance à l'*Homo erectus*, lequel, nu, démuni, mal équilibré sur ses deux jambes, a dû réagir pour survivre, inventer le vêtement, d'abord la peau d'une bête qu'il avait tuée, la maison et surtout le feu, volé pour lui, dit-on, par le Titan sacrilège, Prométhée, « à l'esprit retors et subtil, fécond et bienfaisant[3] », qui joua ainsi une farce au maître de l'Olympe, lequel le prit fort mal. Prométhée devint ainsi le créateur d'une nouvelle humanité, tirée par le feu prométhéen de sa sauvagerie primitive d'animal humain. Pour cet exploit, Prométhée fut puni par Zeus d'un supplice éternel, dont il fut tout de même gracié, mais longtemps après, et l'humanité subit directement la malédiction du sacrilège.

Du foyer – en grec *estia*, qui a donné Vesta, nom de la déesse du foyer de Rome, où le feu sacré de la cité était entretenu en permanence par les vestales, prêtresses vouées à la chasteté, qui, si elles le laissaient s'éteindre, périssaient enterrées vives –, du foyer donc naquit la civilisation (de *civis*, le « citoyen », l'homme de la cité, opposé au campagnard arriéré). Ainsi naquirent la politique et la police (du grec *polis*, la « cité »), un monde policé, artificiel, qui se substitua au monde naturel, le virtuel opposé au réel, éclipsé et finalement oublié.

Parce qu'il est nu, l'homme doit se vêtir et même se parer. Depuis toujours, les femmes se sont fardées, afin de plaire aux hommes. Le mot « fard » a toujours eu le sens de « tromperie », ainsi dans les expressions : « agir, parler sans fard » ; ce n'est que par la suite qu'il a désigné les produits de beauté. Se farder, c'est se maquiller. « Maquiller » signifie « dé-naturer », « falsifier ». Quant à « se maquiller », il s'est d'abord employé dans l'argot du théâtre avec le sens de « se grimer » (mot qui vient de « grimace »), quand il s'agissait pour l'acteur de prendre l'apparence d'un personnage, de se mettre dans la peau de celui qu'il avait à représenter.

Dans l'espèce humaine, ce sont le plus souvent les femmes qui se maquillent pour séduire. L'ordre naturel est inverse chez tous les autres animaux. Dans la plupart des espèces de mammifères, d'oiseaux, de poissons et d'insectes, les mâles sont non seulement plus grands et plus forts, mais plus parés. Des bois, seuls les mâles en portent chez les cervidés ; les cornes, plus importantes chez les mâles que chez les femelles des ovins et des bovidés, comme la crinière du lion et la majestueuse queue du paon qui fait la roue, sont des instruments de prestige, ou d'intimidation, plutôt que des armes de combat. Les oiseaux mâles sont aussi plus ornés, plus colorés, particulièrement en parure de noces, qu'ils exhibent et déploient lors des parades nuptiales. Chez tous les animaux, sauf l'homme, c'est le mâle qui doit séduire la femelle, la parade prépare celle-ci à accepter l'accouplement.

Une des différences essentielles entre l'animal et l'humain serait leur manière de vivre la sexualité. L'animal ne peut qu'obéir à la pulsion sexuelle impérative, biochimiquement déterminée. Le rut est un phénomène hormonal. Le mot vient de « rugir » et désigne d'abord le brame du cerf, l'une des manifestations les plus impressionnantes de l'œstrus. L'étymologie du mot latin *œstrus* est à la fois instructive et amusante : il vient du grec *oistros*, qui désigne le « taon », puis l'agitation désordonnée et frénétique que provoque sa piqûre, ainsi que la démangeaison qui s'ensuit, enfin, par comparaison, le délire prophétique, lui aussi irrésistible. L'œstrus est cyclique, surtout chez les femelles qui acceptent ou non le mâle, l'attirent ou le repoussent, mais il ne se produit que pendant un temps relativement bref, lequel est séparé du suivant par un mois à peu près où règne une relative neutralité sexuelle. Les ruts les plus violents et les plus ostensibles, celui du cerf par exemple, n'ont lieu qu'une fois par an et, dans le cas du cerf, ne dure qu'un mois (en général, septembre-octobre), après quoi les mâles, assouvis, quittent la harde pour vivre en solitaires.

L'instinct génétique, destiné à assurer la pérennité de l'espèce, aboutit à la décharge et à l'apaisement d'une pulsion interne qui oblige l'animal à agir et à expulser les germes dont il n'est que le porteur. Ce n'est pas lui qui agit, mais la nature en lui et par lui.

Sans doute le comportement sexuel est-il différent chez les animaux élevés par l'homme, l'éleveur ayant sélectionné parmi eux, et de génération en génération, les meilleurs reproducteurs. Le cas le plus typique est celui du bouc chez qui l'excitation sexuelle est quasi permanente. Mais n'est-ce pas pour cette raison que, devenu l'image même de la luxure, le bouc en est venu à personnifier le diable ? En revanche, l'affirmation très répandue que l'existence d'une « liaison interpersonnelle se prolongeant au-delà de la relation sexuelle », autrement dit la constitution d'un couple, serait propre à l'homme ne fait que nier une réalité aisément constatable par tout observateur. Il existe en effet nombre d'espèces animales sauvages chez qui le couple est durable et ne se limite nullement à la copulation ni même à l'élevage des petits ; il est des espèces chez qui le couple dure toute la vie et même certaines chez qui le conjoint survivant se laisse mourir.

À l'entendre, l'homme se serait affranchi de cette servitude. Il lui est en effet loisible de pratiquer l'abstinence, la chasteté volontaire, mais à ses risques et périls. La véritable différence entre l'animal et l'humain provient du fait que, chez l'homme, au mécanisme biologique s'est surajoutée l'intervention du système nerveux central et, conséquemment, l'octroi du plaisir voluptueux, s'ajoutant à ce qui n'était chez l'animal que le soulagement d'une tension insupportable. L'excitation nerveuse a pris le relais de l'excitation hormonale au point de la provoquer et de devenir obsessionnelle et permanente, d'où les interdits socioculturels, au premier rang desquels la prohibition de l'inceste, obligeant l'individu à un refoulement qui a pour conséquence d'augmenter encore l'obsession, laquelle ne trouve à se libérer qu'à travers des artifices tels que l'érotisme, la pornographie et les perversions sexuelles, étrangères aux animaux, et qui finalement font l'objet d'un commerce des plus prospères.

Pour cette raison et pour bien d'autres, dont sa relative débilité, l'animal humain est devenu insupportable à lui-même. Déjà, les anciens Grecs identifiaient le corps à un tombeau, tenant l'âme emprisonnée, en usant du jeu de mot *sôma-séma*, « corps-tombeau », que l'on trouve déjà chez Homère. Un tel refus n'a pu que s'accentuer avec le temps. L'allongement croissant de la vie entraîne l'obligation de paraître jeune et de se conduire comme si on l'était encore, aussi longtemps, aussi tard que possible, tendance entretenue et exploitée par une certaine presse et surtout par la médecine et l'industrie pharmaceutique.

Ce n'est, certes, pas une nouveauté. Depuis toujours, on a cru à l'existence d'une « fontaine de Jouvence », malheureusement introuvable. En revanche, on pourrait se procurer des « élixirs de Jouvence », grâce auxquels d'innombrables charlatans durent leur fortune.

Or, ce rêve serait devenu réalité, depuis que l'on a découvert les techniques dites « de régénération ». Le recours crédule aux pseudo-sciences, ou « techno-sciences », a remplacé celui que l'on attendait naguère des religions, à qui, héritières lointaines et dégénérées du scientisme positiviste du XIXe siècle, elles se sont mises à ressembler. Elles ont en effet leurs dogmes infaillibles, leur clergé et surtout leurs « miracles », qui confortent la foi de leurs fidèles.

« Les élucubrations techno-scientifiques à propos de l'éternelle jeunesse, écrit le sociologue David Le Breton, sont innombrables. Aujourd'hui internet est saturé de messages publicitaires proposant des hormones comme la DHEA ou d'autres formules permettant de "vivre mieux et plus longtemps". Il y a quelques années, un généticien prétendait avoir découvert les hormones du vieillissement et imaginait un monde où les hommes pourraient vivre cent cinquante ans. » Pour notre société, le corps « n'est plus le lieu du vieillissement et de la mort[4] ».

Pareille dépréciation, succédant à une autoglorification tout aussi excessive, va jusqu'à ne plus voir dans l'animal humain qu'un échec de la nature : « L'être humain est un mauvais spécimen physique. Il est faible, il ne possède ni crocs ni griffes ; son ouïe, sa vue, son odorat sont tous très moyens. L'être humain ne court pas vite, il ne saute pas haut, il ne vole pas ni ne nage d'instinct. Il a toujours froid, sa progéniture naît démunie et reste dépendante longtemps[5]. »

À semblable situation, il est donc nécessaire de remédier ; médecine et chirurgie tentent de satisfaire une demande croissante qu'elles ont elles-mêmes provoquée : on répare le corps comme le mécanicien une machine, dont on change les pièces une à une, comme s'il devait être inusable. La médecine qui s'intitule fièrement « régénératrice » n'est, malgré ses prétentions, que réparatrice. Qu'advient-il de l'identité d'une personne munie de prothèses diverses, portant en son corps les organes greffés d'un mort et le sang transfusé d'un autre ? Et surtout qu'adviendra-t-il d'elle quand on utilisera les « cellules souches », fragments d'embryons humains, produits, puis tués et disséqués à cet effet ?

Les praticiens de la techno-science, ce mauvais roman d'anticipation devenu réel et actuel, ce rêve qui pourrait bien finir en cauchemar, travaillent aux limites du délire mégalomane ; il arrive même qu'ils les transgressent. S'ils ne bénéficiaient d'une complicité administrative de ceux qui comptent sur les miracles qu'ils annoncent, il y a longtemps que certains d'entre eux seraient internés.

Le « phénomène humain », l'humanisation, ne marque pas le terme d'une évolution, celle-ci ne s'arrête jamais, elle tend vers toujours plus d'humanisation. L'homme, cet animal autodomestiqué, a encore bien des progrès à faire dans ce sens. Même masqué, l'animal humain n'en survit pas moins.

En définitive, la véritable différence entre l'homme et les autres mammifères dépend principalement de l'allongement progressif de la vie humaine et, plus encore, de celui de chacune des étapes de son développement, lequel, selon les vues généralement admises, passerait par quatre phases.

De la naissance à l'âge d'un an, le nouveau-né puis le nourrisson ne dépassent guère le stade de la vie larvaire. On qualifie souvent cette première phase de « fœtale », non sans raison. En effet, le bébé ne fait qu'un avec sa mère, qui ne le quitte pas, même quand elle ne le porte plus dans son dos, comme le font encore les mères chez nombre de populations. Le sein maternel sur lequel le nouveau-né se branche remplace le cordon ombilical, avec toutefois cette différence notable que l'absorption passe du mode passif au mode actif, le réflexe de succion étant d'ailleurs inné, comme chez les autres mammifères. Quant au berceau, c'est un substitut du ventre maternel, le bercement correspondant au balancement de la mère en mouvement. Même les attitudes du petit enfant, qui ne surviennent que plus tard, comme le rire, l'embrassement, le baiser, ne sont pas spécifiquement humaines, on les observe aussi chez le jeune chimpanzé.

L'acquisition progressive de la station droite, puis de la marche, représente une première libération, puisqu'elle permet à l'enfant de commencer à explorer le monde qui l'entoure, allant de découverte en découverte, y compris celle de son identité distincte, car il acquiert simultanément le langage qui va lui permettre de l'exprimer et de manifester sa relative autonomie, en se détachant progressivement de la symbiose avec sa mère. Le petit mâle voit alors en son père un rival auquel il est obligé de se soumettre.

Vers cinq-six ans débute la socialisation de l'enfant qui accède à l'âge scolaire, lequel dure au moins jusqu'à la puberté, à partir de laquelle l'enfant commence à passer d'un statut à un autre, de celui de l'enfant à celui de l'adulte, traversant une phase ambiguë puisqu'il n'est ni un enfant ni un homme et cependant les deux à la fois, avec les traumatismes que suppose une telle métamorphose.

L'adolescence, qui suit, constitue par elle-même la période de tous les dangers, en raison des contradictions que doit assumer et, si possible, résoudre l'adolescent, qui, dans nos sociétés, ne bénéficie plus des rites de passage traditionnels. De ce fait l'adolescent, qu'il soit mâle ou femelle, traverse la fameuse « crise d'originalité juvénile », laquelle, passant de l'affirmation revendicatrice de soi à une difficile insertion sociale, fournit autant d'occasions de formation des névroses et psychoses qui particularisent la condition humaine. Si, légalement, l'individu atteint sa majorité à dix-huit ans, sa formation est loin d'être achevée, elle peut durer toute une vie.

On peut dire en bref qu'au moins le tiers de la vie d'un être humain est consacré à son développement. Il suffit de mettre en parallèle la durée de la même étape dans l'existence des animaux pour mesurer l'écart énorme qui sépare l'homme de ceux-ci. Par exemple, chez les animaux dits « de compagnie », le chien et le chat, qui vivent en moyenne une dizaine d'années, exceptionnellement jusqu'à vingt ans, sont adultes dès l'âge d'un an. Plus significative et plus justifiée est la comparaison entre le cas de l'homme et celui de ses parents les plus proches, le gorille et le chimpanzé.

Le chimpanzé est si proche de l'homme que l'existence de l'espèce est aujourd'hui compromise par l'expérimentation médicale, au point que l'un de ceux qui l'ont le mieux étudié, le zoologue allemand Bernhard Grzimek, a pu écrire que son comportement « reflète d'une manière par trop désagréable nos pires particularités ». Le chimpanzé, qui vit environ quarante ans, est pubère vers l'âge de huit ans, mais ne prend le rang d'adulte dans son groupe qu'à l'âge de douze ans. Les jeunes ne quittent généralement pas leur mère avant la puberté, ce qui est très tardif en comparaison de la plupart des espèces. Les zoologues qui ont étudié le comportement du chimpanzé sont obligés de reconnaître que, devant un nouveau problème, le chimpanzé réfléchit et hésite, avant d'adopter la solution qui lui paraît la meilleure, ce qui est un trait typiquement humain.

On peut présumer qu'il n'en allait guère différemment chez l'homme de la préhistoire, lequel dépassait rarement la quarantaine d'années. Mais l'évolution de l'humanité n'a fait qu'accroître cette différence. Comme l'a remarqué le biologiste T. Dobzhansky : « L'homme possède à la fois une nature et une histoire. L'évolution humaine a deux composantes, l'une biologique ou organique, l'autre culturelle ou supra-organique. Ces composantes ne sont ni exclusives l'une de l'autre ni indépendantes, elles sont corrélatives et solidaires. Notre évolution ne saurait s'entendre comme un processus purement biologique et pas davantage se décrire comme une histoire de la culture. Il s'exerce une interaction entre les phénomènes culturels et biologiques et l'évolution de l'homme résulte de cette interaction[6]. »

Que le langage n'appartienne qu'à l'homme, voilà encore une idée reçue que l'on serait bien en peine de justifier. Il est certes hors de doute que le langage dit « articulé » soit le résultat d'une longue évolution et aussi d'une histoire. Biologiquement, il n'a été rendu possible que grâce à la modification des organes de la phonation, conséquence de la verticalisation progressive du visage du fait de la station droite. Mais, de langage articulé, l'animal n'a pas besoin, il parle avec tout son corps – cela n'arrive-t-il pas aussi à l'homme ? –, et surtout avec les yeux. L'échange des regards, dont la lumière correspond à la nôtre, suffirait, s'il en était besoin, à nous convaincre de notre parenté. Percevoir chez l'animal un manque est inepte et l'on pourrait fort bien démontrer le contraire. À l'animal, il ne manque rien, il ne peut même rien manquer, et ce manque, il est évident qu'il ne le ressent pas. Nous seuls en avons conscience, mais pour nous-mêmes. Est-ce une supériorité ?

Au demeurant, l'animal, le mammifère, sait parfaitement manifester ses besoins et les faire comprendre, tout éleveur en fait chaque jour l'expérience. Il sait aussi exprimer ses sentiments, ses humeurs, voire ses passions. Montaigne, encore lui, remarque dans l'« Apologie » : « Comment [l'homme] cognait-il [connaît-il] par l'effort de son intelligence les branles internes et secrets des animaux ? Par quelle comparaison d'eux à nous conclut-il la bestise qu'il leur attribue ? » Mais se poser de telles questions serait déjà faire preuve d'un anthropomorphisme prohibé, selon Descartes et ses successeurs, pour qui les animaux ne sont que des machines, des « automates ». Par ces penseurs, il a été bien établi que toute ressemblance que l'on puisse observer entre le comportement de l'animal et le nôtre, aussi évident soit-il, ne reposait que sur une grossière méprise, puisque ce que l'homme vit *réellement*, l'animal ne le vit qu'*apparemment*. Telle est encore – ou plutôt était, jusqu'à très récemment – la position de la plupart des psychologues et zoologues qui s'occupent de la recherche comparée des comportements.

Pareil parti pris devrait nous dissuader de tenter de communiquer avec les animaux. Pourtant, celui qui, vivant en leur compagnie, passe outre ce préjugé va de surprise en surprise. Très vite, il s'aperçoit que l'animal, quel qu'il soit, ne demande qu'à communiquer et réagit quand on lui parle.

Cela signifie-t-il qu'il comprenne ce que l'homme lui dit ? Certainement pas les mots, mais ses intonations, donc ses intentions, ce que démontrent indubitablement ses réactions. Il lit dans la pensée de l'homme et jamais ne se trompe ; mieux, il la devine avant qu'il l'exprime.

Où pourrait bien résider la supériorité supposée de l'homme, sinon dans son agressivité ? Nu, démuni de moyens de défense, l'animal humain doit modeler son milieu, jusqu'à le détruire, et attaquer les ennemis qu'il s'invente. Très tôt, l'homme a fabriqué des outils et des armes. Les premiers hominidés étaient probablement frugivores, comme leurs cousins, les gorilles et les chimpanzés, et l'on peut conjecturer qu'ils ne sont devenus carnivores que par nécessité, lors de leur expansion dans des contrées qui ne leur fournissaient plus une alimentation végétale suffisante. Peu à peu, l'homme a incarné le prédateur par excellence, qui répand la terreur chez tous les animaux, dont beaucoup d'espèces, à l'origine diurnes, sont devenues nocturnes de son fait.

Les plus agressifs parmi les carnivores, les félins, ne tuent que par nécessité, pour ne pas mourir de faim, le chasseur actuel ne tue plus que pour son plaisir. Tout naturellement, le chasseur s'est mué en guerrier, se retournant contre ses congénères, devenus ses ennemis, puisqu'ils lui disputaient ses territoires de chasse et son gibier. L'homme, le plus souvent, chassait en groupe, à la manière du loup qui forme des meutes dans lesquelles règne une relative organisation collective, comportement que l'homme connaissait bien, puisqu'il avait réussi à apprivoiser quelques loups, les ancêtres probables de nos chiens.

Contrairement à ce que l'on imagine généralement, les zoologues remarquent que « l'animal ne se bat qu'à de très rares occasions, lorsqu'il s'y voit absolument contraint et surtout lorsqu'il est affolé. Mais le reste du temps, au cours des multiples rencontres qu'impose forcément sa vie familiale et sociale, il fait au maximum l'économie de ses forces[7] ». Pour un autre auteur, « se mettre en sécurité, éviter l'ennemi, voilà l'occupation prédominante de tout animal sauvage[8] ». C'est seulement lorsque l'animal poursuivi est sur le point d'être rattrapé par son agresseur qu'il passe à la réaction de défense, qui est parfois impressionnante, mais il ne se résout à contre-attaquer que quand ont échoué toutes ses manœuvres dissuasives. Peut-on en dire autant de l'homme ? Est-ce là que réside sa supériorité ?

Depuis le début des temps modernes, l'homme est allé de progrès en progrès. Il a, croit-il, maîtrisé la nature, mais au point qu'il est en bonne voie de la détruire. Penserait-il lui survivre ? L'« animal humain » n'a cessé de se dégrader peu à peu. L'acuité originelle de ses facultés sensorielles s'est considérablement amoindrie ; ayant perdu une grande partie de ses instincts vitaux, l'homme moderne serait incapable de vivre hors du cadre qu'il s'est créé et dont il est devenu le prisonnier. Il est aujourd'hui dé-naturé.

On parle beaucoup actuellement des nombreuses « espèces en voie de disparition », mais oublie-t-on que l'une des plus menacées est l'espèce humaine, la seule capable de s'autodétruire ?

Le progrès, c'est la machine. La machine était au service de l'homme, mais la situation s'est inversée. Mécanisé lui-même, il est devenu une personne assistée irresponsable. Dès lors, comment pourrait-on encore parler de « nature humaine » ?

6

L'esprit est-il immortel ?

Nous nous croyons composés d'un corps et d'une âme, Descartes l'a démontré. Pour lui, il y a séparation absolue entre les deux. Il conçoit le corps comme un mécanisme d'horlogerie ou, mieux, comme une de ces machines hydrauliques que l'on voyait de son temps dans les parcs des châteaux et des palais, et qui animaient des automates : « Et véritablement l'on peut fort bien comparer les nerfs de la machine que je vous décrits [le corps], aux tuyaux des machines de ces fontaines ; ses muscles et ses tendons, aux autres divers engins et ressorts qui servent à les mouvoir ; ses esprits animaux à l'eau qui les remue, dont le cœur est la source et les concavités du cerveau sont les regards[1]... » Le corps humain est donc ce que Descartes appelle un « animal-machine », et l'homme ne se distingue de ce dernier que par l'âme que Dieu a introduite dans son corps, et qui n'est en contact avec lui que par la minuscule « glande pinéale » (l'épiphyse). L'étrange est que cette explication puérile, qualifiée depuis longtemps de « roman », fasse encore partie de notre héritage intangible, de notre présent outillage mental, et soit implicitement incontestée, sans doute parce que cette dualité de la nature humaine était acceptée bien antérieurement à Descartes, qui n'a fait que la mettre en forme, en la durcissant, en excluant toute autre explication possible. De cette question centrale, j'ai déjà parlé[2], mais il me faut y revenir ici, ne serait-ce que parce que ma pensée sur ce sujet n'a cessé d'évoluer.

Pour nos ancêtres lointains et particulièrement pour les penseurs de l'antiquité gréco-romaine, l'homme n'était pas composé de deux instances, mais de trois : en latin, *corpus-anima-spiritus* ; en grec *sôma-psuché-noûs* (ou *pneuma*), en français « corps-âme-esprit ».

L'âme – *anima, psuché* – est ce qui *anime* le corps. *Anima* a donné « animal », *animalis,* en latin, défini comme « être vivant, mobile, doté de souffle vital ». *Anima,* en latin, est « principe de vie », mais d'abord « souffle ». *Anima* vient du grec *anemos*, le « vent », le flux du vent, son élan, son impétuosité. *Anemos* désigne aussi en grec l'« agitation de l'âme », causée par les désirs, les passions, dont l'âme est le siège. C'est sans doute pourquoi à *anemos* les Grecs ont préféré *psuché,* qui désigne le « souffle », l'« air inspiré », mais aussi le « papillon », la créature ailée, métamorphose de la chenille qui se traîne, et qui s'extrait de la chrysalide « pour » voler libre dans les airs, devenue le symbole et de l'immortalité de l'âme et de sa difficile genèse. Mais une telle image n'exprime qu'un espoir, non une certitude. Apparemment, à la mort, l'âme, dont la fonction est d'animer le corps, se dissout comme lui. Ainsi, le mourant expire l'air qu'il a aspiré en naissant, il « rend l'âme » en un « dernier soupir ».

Le vent, l'air en mouvement, l'immatériel, l'invisible, dont on ignore la source, le point de départ comme le point d'arrivée, dont on ressent seulement les effets, l'énergie, la puissance, parfois énorme, capable de renverser un homme, de déraciner un arbre, de jeter bas un toit, n'est-ce pas pour l'esprit naïf, pour la « pensée sauvage[3] », la preuve incontestable de l'invisible, de sa puissance ?

Quoi qu'il en soit, pour les Grecs et les Romains, il existait une troisième instance, qui, elle, survivait : en grec, *noûs*, « esprit, intelligence, sagesse », mot ancien, d'origine obscure, qui ne prit toute sa puissance et son extension qu'avec Anaxagore de Clazomènes (Ve siècle avant J.-C.), que nous retrouverons plus loin. Mais, un siècle plus tard, *noûs* fut remplacé par *pneuma*, dans les premiers traités d'Aristote, d'où il passa dans le vocabulaire des stoïciens. *Pneuma*, c'est le « souffle », de *pneô*, « souffler », de la racine *pneu-*, laquelle est une onomatopée exprimant l'explosion du souffle lors d'une brusque expiration provenant du « poumon », en grec *pneumôn*, considéré comme le siège des sentiments. Le *pneuma*, l'« esprit », résulte de la fusion de l'air inspiré avec le feu vital qu'il entretient, feu immortel, immatériel, non terrestre, mais né du pur éther, donc d'origine cosmique, ce qui établit le lien entre l'esprit et l'univers. Devenu un concept métaphysique, universel et éternel, auquel cependant la nature humaine participe, *pneuma* en vint à désigner dans le christianisme le Saint-Esprit. En latin, *pneuma* est traduit par *spiritus*, qui vient de *spirare*, « souffler », de la racine *sp-*, qui est aussi une onomatopée. Dans l'antiquité païenne, *spiritus* signifiait déjà « inspiration divine ».

Ainsi se trouvait confirmée et continuée chez les premiers apologistes chrétiens la triade corps-âme-esprit. Pour eux, l'âme, se trouvant au centre, pouvait opter entre deux destinées contraires, en prenant soit le parti du corps, s'identifiant avec lui, soit celui de l'esprit, divin et immortel, avec qui elle fusionnait. Dans l'Épître aux Galates (5,17), saint Paul écrit : « La chair a des désirs contraires à ceux de l'esprit et l'esprit en a de contraires à ceux de la chair. » Paul y revient à plusieurs reprises (première Épître aux Thessaloniciens, 5,23 et première Épître aux Corinthiens, 15,44), et insiste sur le fait que *pneuma* communique naturellement avec l'Esprit-Saint qu'il reflète et vers qui il s'élève.

Mais, quelques siècles après saint Paul, pour saint Augustin, l'homme est essentiellement *spiritus* et *caro*, « esprit » et « chair », en lutte l'un contre l'autre ; Augustin confond, ou plutôt fusionne l'âme et l'esprit, écrivant : « *spiritus vel animus* ». Il convient de remarquer que l'évêque d'Hippone emploie le masculin *animus* et non le féminin *anima*. Pour les Latins, il s'agissait de deux instances distinctes, dont les fonctions n'étaient pas identiques, *anima* étant le principe vital de l'organisme, tandis qu'*animus* était la source dynamique de la pensée, réagissant contre la passivité de l'*anima* féminin. Semblable distinction existait encore dans le latin médiéval du XIIe siècle : le grand théologien Guillaume de Saint-Thierry parle de l'*anima* vivificatrice et de l'*animus* spirituel. Mais, par la suite, on oublia cette dualité, jusqu'à C.G. Jung, qui la reprit afin d'exprimer la présence dans la psyché de l'image du sexe opposé. Non seulement Augustin fusionne *anima* et *spiritus*, mais il en fait un tout qu'il appelle *mens-mentis*, mot qui en latin désignait l'intelligence spéculative. On pourrait presque dire que celui qui fut assurément un grand mystique réagit ici paradoxalement comme ce que l'on appelait alors un « psychique », que l'on appelle de nos jours un « intellectuel », de surcroît d'origine manichéenne, donc radicalement dualiste.

Toujours est-il que cette dérivation qui aboutit, somme toute, à une mutilation de l'être humain – ce qui, à mon sens, n'a pas été assez souligné – s'imposa désormais dans le courant officiel de la pensée, la théologie, puis la philosophie de l'Occident, ainsi que dans la psychologie qui en découle. Ce point de vue « déspiritualisé » prévaudra définitivement avec Descartes, considéré par ses contemporains comme le fidèle héritier d'Augustin, qui, dans la deuxième de ses *Méditations métaphysiques* (VII,27 et IX,21), écrit : « Je suis une chose qui pense [...] c'est-à-dire un esprit, un entendement, une raison », ce qu'il avait d'abord écrit plus explicitement en latin : « *Res cogitans, id est mens, sive animus, sive intellectus, sive ratio* », poussant à son terme la confusion. Or, Descartes fut le fondateur incontesté de la pensée moderne, laquelle eut tôt fait de se libérer de ces reliquats encombrants, laissés prudemment en place par Descartes. L'âme ne fut plus qu'une mécanique de sensations chez Hume, Condillac, d'Holbach et chez le médecin La Mettrie, auteur de *L'Homme machine* (1748), les pionniers du naturalisme matérialiste, résolument athée, qui allait triompher au siècle suivant et qui n'a cessé d'exercer ses ravages. Dieu aussi était devenu inutile, depuis que Descartes avait déclaré qu'« il ne fit autre chose que prêter son concours à la Nature... ».

Cependant, la structure trinitaire de l'homme ainsi mise à mal était non seulement traditionnelle mais hautement symbolique, donnant lieu à de multiples correspondances. Ainsi pouvait-on mettre en parallèle la triade corps-âme-esprit et la Trinité chrétienne : le Père, créateur, le Fils, rédempteur, et le Saint-Esprit (*Sanctus Spiritus*), l'illuminateur, Trinité par ailleurs comparable à la *Trimurti* de l'hindouisme : Brahma, le créateur, Vishnou, le mainteneur et la providence, Shiva, le purificateur et le libérateur, par la destruction de la matière, sinon de la trinité de l'antique religion égyptienne : Osiris, le père (assassiné par son frère, Seth, comme Abel par Caïn), Isis, la veuve éplorée, et Horus, le fils posthume, le vengeur, le dieu solaire, représenté sous la forme d'un faucon aux ailes déployées dans le ciel, comme notre faucon crécerelle, le seul oiseau dont on dit, quand il plane, battant des ailes en vol stationnaire, qu'il « fait le Saint-Esprit ».

À ces trinités mythiques, on pourrait adjoindre celles qui, dans d'autres domaines, le sont moins, comme la constitution du psychisme humain dans la psychanalyse freudienne : le ça-le moi-le surmoi, à condition de ne pas faire seulement du surmoi l'introjection, l'intériorisation des interdits familiaux puis sociaux, mais une invitation pour le moi à se surpasser, le mot indiquant un avenir possible et souhaitable, comme dans le processus d'individuation jungien, le ça représentant les « pulsions », expression humaine des instincts animaux, donc le passé que le moi présent pourrait être amené dans l'avenir à surpasser, sinon à maîtriser. Cette interprétation personnelle que Freud et Lacan auraient certainement récusée, mais peut-être pas Jung, donnerait cette triade individuelle comme une image d'une évolution humaine supposée : partie de l'« animal humain », l'humanité serait en marche vers l'idéal, un hypothétique sur-homme.

L'important est qu'aucune de ces triades, trilogies ou trinités ne peut fonctionner si l'on soustrait l'un de ses membres : elle devient alors boiteuse. Il leur faut donc, de toute nécessité, trois éléments, dont le tiers si fâcheusement exclu par la logique aristotélicienne qui, dans les triades, sert de médiateur, d'agent de synthèse. De cette exclusion résulte le dualisme, irrémédiable, puisque, en philosophie classique, on ne peut lui opposer qu'une caricature, le monisme. Le dualisme, dit le *Vocabulaire technique et critique de la philosophie* de Lalande, qui, maintes fois réédité, fait encore autorité depuis 1926, « dans une question donnée, quelle qu'elle soit, admet deux principes essentiellement irréductibles ».

Or, un tel dualisme a volé en éclats, en même temps que tout le système newtonien-cartésien, resté inébranlable durant deux siècles, avec la révolution provoquée par la théorie quantique, laquelle exclut le sacro-saint principe de contradiction, tandis que l'on était arrivé à rompre l'insécable atome, à volatiliser la matière et, avec elle, le matérialisme, qui ne survit plus que sous la forme du matérialisme dialectique du marxisme.

En a-t-on aujourd'hui, cent ans après, tiré les nécessaires leçons ? Pas que je sache, à l'exception de quelques savants, plus conséquents que les autres et qui, du coup, se sont mis à philosopher, ce que les philosophes ne font plus depuis longtemps...

À ces audacieux penseurs contemporains, je recommanderais de lire et de méditer le peu qui nous reste de l'œuvre d'Anaxagore de Clazomènes, si audacieux qu'il fut persécuté, puis oublié. De lui, nous ne possédons que vingt-deux brefs fragments et une incertaine doxographie[4] qui permettent néanmoins de reconstituer l'essentiel de sa pensée.

Comment a-t-on pu oublier à ce point celui que ses contemporains surnommaient *Noûs*, l'« Esprit », qui fut un physicien, observateur, matérialiste, des astres et, en même temps, un métaphysicien, comme certains de nos actuels astrophysiciens ? Comment a pu être gommé par les générations de philosophes qui l'ont suivi l'apport d'un tel esprit, remarquable par l'originalité et la profondeur de sa réflexion personnelle, par l'indépendance et l'ampleur de sa pensée ? L'explication de cette disgrâce est instructive. Anaxagore, l'un des premiers philosophes à se désintéresser des affaires publiques, au point de déclarer : « Le ciel est ma patrie et la contemplation des astres ma mission », n'en devint pas moins le maître à penser de son administrateur Périclès, ce qui lui valut maints déboires. Bientôt les ennemis du chef athénien, assistés par les sophistes qui enviaient la place du physicien philosophe, le firent mettre en accusation. Selon Platon[5], on lui reprochait d'enseigner que le Soleil n'était qu'une pierre incandescente et la Lune une sorte de Terre, à qui le Soleil prêtait son éclat, ce qui est certainement exact, ainsi qu'en témoignent le fragment 18 et un passage de Diogène Laërce. Anaxagore fut condamné, mais Périclès intervint et il fut remis en liberté. Toutefois, à la mort de l'homme d'État, Anaxagore jugea plus prudent de s'exiler. Il aurait probablement subi le sort de Socrate s'il n'était parti pour Lampsaque, en Ionie. Il y mourut honoré de ses compatriotes, qui « élevèrent à sa mémoire, sur leur agora, un autel dédié à l'Esprit (*Noûs*) et à la Vérité, et l'anniversaire de sa mort fut pendant longtemps un jour férié pour les enfants des écoles, ainsi que, dit-on, il en avait lui-même exprimé le désir[6] ». Cependant, à Athènes, on oublia Anaxagore, ne voyant plus en lui, semble-t-il, qu'un penseur dépassé, probablement du fait de l'évolution rapide de la philosophie grâce à Platon, puis à Aristote, qui ne parlaient de lui qu'avec condescendance.

Pour Anaxagore, l'Esprit, le *Noûs*, est la force dynamique, ordonnatrice, qui organise le chaos primordial. Il est infini, éternel, immatériel, parfaitement homogène et impersonnel. Anaxagore écrit : « Et lorsque le *Noûs* commença à mouvoir les choses, il y eut séparation de tout ce qui se trouvait en mouvement ; et, dans la mesure où le *Noûs* le mit en mouvement, tout fut séparé. La révolution de ces choses en mouvement et séparées accentua encore leur séparation[7]. » Il ajoute que « le *Noûs* existe toujours et qu'il poursuit indéfiniment son action ». Pour lui, l'univers ainsi organisé ne cesse et ne cessera de s'étendre, indéfiniment. Ailleurs, Anaxagore précise : « Tous les êtres qui ont une âme (*psuché*) sont mus par l'esprit (*noûs*), y compris les plantes qui sont, elles aussi, douées de sensibilité. » Du *Noûs*, l'esprit humain est le reflet, il peut en devenir l'écho conscient.

Cet intrépide « libre penseur » contredisait dans tous les domaines les opinions de ses contemporains. Il enseignait par exemple : « Nous appelons arc-en-ciel le reflet de la lumière solaire sur un nuage. C'est donc un présage de tempête. Car l'eau qui provient du nuage fait lever le vent et tomber la pluie », et aussi que « le plus petit – et il y a toujours un plus petit », et « le plus grand – et il y a toujours un plus grand » sont semblables et pareillement composés, et que, « par rapport à elle-même, chaque chose est à la fois petite et grande », enfin que la matière est divisible à l'infini, que les choses ne diffèrent entre elles que par la proportions de leurs composantes, les « homoemères », ou « semences » (*spermata*), lesquelles sont toutes identiques. Et, puisqu'il y a, en pluralité, égalité dans la division du grand et du petit, il peut y avoir aussi de tout en tout, « mais il n'est pas possible que rien soit isolé, toutes choses ayant leur part du tout », ce qui en vient à formuler le principe de l'interdépendance de tous les êtres, de toutes les choses.

Comment celui qui prêchait le *Noûs* divin, éternel et impersonnel, aurait-il pu croire à l'existence des dieux trop humains de la mythologie, lui qui osait écrire : « Les Hellènes parlent mal quand ils disent : naître et mourir. Car rien ne naît ni ne périt, mais des choses déjà existantes se combinent, puis se séparent de nouveau. Pour parler juste, il faudrait donc appeler le commencement des choses une composition et leur fin une désagrégation. »

Proférer pareils sacrilèges ne pouvait aboutir qu'à la condamnation de celui qui, comme Maître Eckhart, dix-neuf siècles plus tard, « avait voulu en savoir plus qu'il ne convenait ».

7

Qui est cet autre en moi ?

Un jour, nous avons « pris conscience »... qu'il existait un spectacle, le monde, perçu par un spectateur, nous. La conséquence implicite en était la rupture de l'unité préalable et primordiale, la constatation de l'existence de deux instances désormais séparées. Assez curieusement, semble-t-il, j'ai conservé le souvenir et l'image vive de cet instant, survenu très tôt. J'avais un peu moins d'un an, je ne marchais pas encore ni ne parlais. Mais cet épisode singulier que je me remémore spontanément, dès que je me trouve allongé au pied d'un arbre avec, devant les yeux, l'immensité du ciel, est resté complètement isolé, puisque les autres souvenirs vraiment personnels que je puis retrouver ne remontent qu'à mes trois-quatre ans, dont le plus saisissant constitue comme le second acte de cette prise de conscience.

Un jour que je me faufilais en cachette dans la chambre de mes parents, le cœur battant de curiosité, mais aussi de crainte d'être surpris et puni, j'y trouvai un petit garçon qui parut inquiet. Pour le rassurer, je le regardai gentiment, il me répondit par un sourire. S'avançant vers moi, il venait d'une autre pièce toute pareille, mais à l'envers, puisque sa porte s'ouvrait devant moi. Cet enfant était grand, mince, très pâle – ce qui ne me surprit pas –, et il ne pouvait pas sortir. Jamais je ne l'avais rencontré dans l'appartement ; sans doute me le cachait-on, c'est pourquoi je n'avais pas le droit d'entrer dans cette chambre. Cette porte dissimulait un secret que je n'aurais pas dû découvrir. Je me retirai aussitôt. Pendant quelque temps, je n'osai plus entrer là tout seul. Je saisis la première occasion d'y accompagner maman, le séquestré apparut aussitôt ; mais, cette fois, avec sa mère. C'était la mienne.

Sur le moment, il ne me vint pas à l'esprit que cet enfant pouvait être moi. Cet autre soudainement apparu portait bien des vêtements semblables aux miens, il reproduisait même chacun de mes gestes, mais je ne le connaissais pas, je ne l'avais jamais vu. Il m'était déjà arrivé d'entrer seul dans cette pièce, j'étais sûr qu'il n'y était pas. L'explication de ce prodige était simple. Jusqu'alors j'étais trop petit, ma tête ne dépassait pas le bord de la glace de l'armoire ; tout à coup, j'avais grandi.

Cet autre, en qui je ne m'étais pas reconnu, je l'observais de temps en temps qui prenait ma place, faisait des gestes que je n'eusse jamais faits, prononçant des paroles que j'entendais avec stupéfaction sortir de ma bouche, comme si un génie, tantôt bon, tantôt malfaisant, me les avaient dictées. À cette époque déjà, il m'arrivait de dépister l'imposteur qui jouait mon rôle, parfois devant mon père, plus souvent en présence d'étrangers, les dames venues en visite ou rencontrées dans la rue, avec qui on échangeait quelques mots et qui parlaient de moi comme si je n'avais pas été là. Et lui faisait le coquet, l'intéressant, se conduisait en jeune gandin. Ce n'était pas moi, c'était mon double. Pourtant, entre moi et lui n'existait nulle distance, puisque à cet autre appartenaient probablement ces mains tout au bout de mes bras, ces pieds tout en bas de mon corps, mais bien certainement ce qui ne se montrait que lorsque j'étais nu, ce ventre et surtout ce sexe qui chaque fois me surprenait. En revanche, ma tête qui voyait, mais ne pouvait se voir, était, elle, bien à moi.

À quatre ans, dans la glace de l'armoire de ma mère, je m'étais trouvé face à un petit garçon que je n'avais pas reconnu. Était-ce vraiment parce que ma tête était enfin arrivée à la bonne hauteur ? L'explication est par trop naïve. Comment aurais-je pu grandir ainsi tout d'un coup ? Souvent, j'avais accompagné maman dans sa chambre, il était impossible que je n'aie pas entraperçu cette silhouette. C'est donc de tout autre chose qu'il s'agissait : je venais de me découvrir en tant que moi, mais ce moi qui me faisait face était un étranger.

S'agissait-il de ce que Freud appelle un

« souvenir-écran » ? Ce n'est pas impossible. J'en ai identifié, en tant que tels, d'autres qui remontent à peu près à la même époque. Que dissimulait cet écran ? Peut-être tout simplement ceci : dans la conversation des grandes personnes, j'avais repéré une allusion que l'on avait faite devant moi. Comme je n'aurais pas dû la comprendre, je fis semblant de ne pas avoir entendu, mais elle m'a bouleversé. Deux ans avant moi serait né un petit garçon qui n'avait pas vécu. C'était donc sa place que j'étais venu occuper. Nous aurions dû être deux. En me dédoublant, en l'identifiant à l'enfant plus vieux que moi entrevu dans la glace, c'était un petit mort que je faisais revivre. J'étais une sorte de jumeau dépareillé. Derrière ce « souvenir-écran » se dissimulait un de ces « secrets de famille », dont la nouvelle psychogénéalogie montre l'importance dans la genèse de l'individu.

Les psychanalystes ne manqueraient pas d'évoquer ici le « narcissisme primaire », qui pour eux correspond à la phase auto-érotique de la sexualité enfantine. Mais le mot de « narcissisme », assurément commode et irremplaçable, n'introduit-il pas une confusion, puisqu'il semble considérer comme équivalentes des situations qui ne le sont pas ? Le Narcisse de la fable est un jeune homme, non un enfant, qui, devenu lui-même l'unique objet de ses désirs, se détourne des autres, les femmes, dont il n'a plus besoin. Il se prive ainsi de son avenir, qui ne pourrait que détériorer sa trop belle image, ce qu'exprime à merveille *Le Portrait de Dorian Gray* d'Oscar Wilde, tandis que de sa contemplation méditative le petit enfant naît à lui-même. À partir de l'image réfléchie qu'il sait être à la fois la sienne et celle de l'autre, puisqu'elle se présente inversée, il pourra se construire, son *animus* ayant perçu son *anima*. Il y gagne un avenir que Narcisse a perdu. Aussi, dans *L'Eau et les Rêves*, Bachelard peut-il écrire : « Où [l'enfant] se penserait-il mieux que dans ses images ? » Pour le philosophe, la psychanalyse classique sous-estime le narcissisme primaire qu'il définit, lui, comme « narcissisme cosmique », symbolisé par la fleur que Narcisse deviendra. J'ajouterai que cette attitude que Bachelard dit calme et réfléchie ressemble à celle du méditant, qui laisse venir à lui les choses, hume l'univers, l'écoute bruire et regarde surgir des profondeurs de la source et, en elle, son image primordiale, son « visage originel ».

Il convient de se montrer circonspect lorsque l'on utilise des formules toutes faites, des concepts que l'on n'a pu vérifier. Certes, on ne peut récuser l'apport révolutionnaire de la psychanalyse qui découvre et inventorie un domaine jusqu'alors inexploré, l'inconscient, qu'il soit personnel chez Freud, ou collectif chez Jung. En revanche, quand j'ouvre un ouvrage qui expose la psychologie « scientifique » moderne, je suis immédiatement rebuté, en particulier par ses méthodes « cliniques » et « expérimentales », qui comportent entre autres l'usage de tests que l'on retrouve à peine modifiés dans les magazines à sensation. Les manuels savants réussissent, eux, à obscurcir, en les exprimant dans un jargon destiné à interdire au profane l'accès au sanctuaire, les notions les plus simples et les plus banales, et prétendent à une objectivité qui, dans ce domaine, ne peut guère avoir de sens, mesurant en toute bonne conscience cet impondérable, ce labile qu'est l'intelligence, obtenant le populaire QI.

Quand on parle de conscience, il serait hypocrite de laisser croire que l'on ne pense pas d'abord à la sienne. D'elle seule, nous avons une connaissance directe et nous pouvons dès lors avoir accès à celle des autres, qui comprend nécessairement les mêmes éléments, les mêmes structures que la nôtre.

Qu'est-ce que la conscience ? Le mot, qui vient du latin, est composé de *cum*, « avec », et *scire*, « savoir ». Il signifie donc originellement « connaissance commune, partagée ». En effet, nous n'avons une conscience interne de nous-mêmes que par rapport aux autres, dont nous nous distinguons, puisqu'ils sont au-dehors, tout en reconnaissant qu'ils ont, eux aussi, une conscience, que nous postulons identique à la nôtre. La conscience est la perception intime de soi-même, ou, comme le définit le neurologue américain A.R. Damasio[1], le « sentiment même de soi ». Au conscient s'oppose l'inconscient, l'inconnu, l'inconnaissable, qui se trouve au plus profond de nous, et qu'explore la psychanalyse. Pour elle, les contenus de l'inconscient nous demeurent normalement inaccessibles en raison de la « censure », exercée par le surmoi, qui a provoqué leur refoulement, leur enfouissement. Ces contenus, pour Freud, sont les « représentants des pulsions », c'est-à-dire du « ça », réservoir de l'énergie psychique instinctuelle. « L'inconscient ou le ça », écrit Freud lui-même.

Cependant, ce barrage n'est point si étanche qu'il ne laisse parfois filtrer certains de ses contenus, en particulier dans le rêve, donné par Freud comme la « voie royale de la découverte de l'inconscient », dans sa *Traumdeutung*, « interprétation » et non « science » des rêves, qui fonda en 1900 la psychanalyse. Ces éléments sont toutefois déformés, déplacés et surtout présentés sous forme symbolique. On peut aussi les déceler derrière les actes manqués, les lapsus, les mots d'esprit, par exemple[2].

Pour Freud et ses successeurs, l'inconscient serait constitué par des souvenirs enfantins refoulés, qu'ils soient traumatiques ou non. En somme subsisterait secrètement, au plus profond de nous, l'enfant que nous fûmes. Au-delà de cet « inconscient personnel », Jung mit en lumière une « couche plus profonde, qui ne provient pas d'expériences ou d'acquisitions personnelles, mais qui est innée ». Il l'a baptisée « inconscient collectif », parce que, écrit-il, cet inconscient est « de nature universelle », « identique à lui-même dans tous les hommes et [constitue ainsi] un fondement psychique universel de nature suprapersonnelle présent en chacun » ; les contenus de l'inconscient collectif sont les « archétypes »[3].

Enfin, Freud reconnaît l'existence d'un « préconscient », distinct de l'inconscient dont il est séparé par la censure et qui reste « en droit accessible à la conscience (connaissances et souvenirs non actualisés, par exemple)[4] ». En reprenant l'image bien connue de l'iceberg, on pourrait dire que la conscience en serait la pointe émergée, tandis que le préconscient serait, suivant le mouvement de la masse et des vagues, tantôt un peu au-dessus, tantôt un peu en dessous de la surface de la mer, et que l'inconscient constituerait la plus grande masse immergée, l'inconscient collectif plongeant, lui, vers les abysses.

L'anamnèse, la remontée du refoulé, qu'elle ait lieu en psychanalyse ou au cours de la méditation, permet d'examiner le fonctionnement de la mémoire et, en particulier, les distorsions auxquelles elle procède inconsciemment.

Le latin *memoria,* définie comme l'« aptitude à se souvenir », l'« ensemble des souvenirs », provient de la racine indo-européenne *mer-,* « préoccupation, souci, souvenir », avec un redoublement, que l'on retrouve plus net dans le grec *mnèmè,* la « mémoire », indiquant une rétroaction, la mémoire étant retour du présent vers le passé, dans lequel le passé réagit sur le présent. Le grec *Mnèmè* est aussi le nom de la mère des Muses, qui se dit également *Mnèmosunè,* Mnémosyne. Les neuf Muses (*mousam*), filles de Mnémosyne et de Zeus, étant les inspiratrices et les protectrices des arts, ceux-ci proviendraient du souvenir, le trésor accumulé dans le préconscient ou l'inconscient de l'artiste, ainsi qu'en témoigne notre mot « musée », du grec *mouseion*, qui signifie « temple des Muses », puis a désigné le lieu où l'on pratiquait les arts, par exemple à Alexandrie dans la dépendance de la grande bibliothèque, cet immense mémorial, avant de prendre, très tardivement, son sens actuel.

Chez les orphiques, Mnémosyne garantissait l'immortalité aux défunts préalablement initiés. En descendant dans l'Hadès, le monde souterrain des morts, leurs âmes devaient se souvenir des consignes qui leur avaient été données : ne pas se précipiter, assoiffées, comme les autres âmes, celles des profanes, vers la source du Léthé, l'« Oubli », où, ayant bu son eau, elles auraient perdu la mémoire de leur origine divine et ainsi toute possibilité de la retrouver, mais prendre le bon chemin de la source intarissable de Mnémosyne, dont l'eau vivifiante la leur faisait retrouver intacte. Désormais réconfortée, l'âme pouvait poursuivre sa route jusqu'à la demeure de Perséphone, la reine des Enfers, devant qui elle affirmait fièrement : « Je possède le don de Mnémosyne, célébrée chez les hommes par des hymnes. » Reconnaissant la pureté de l'âme qui avait recouvré son identité première, Perséphone l'admettait au rang des glorieux Immortels. La condition de l'immortalité était donc de se ressouvenir, de conserver intacte la mémoire[5].

L'étymologie du mot « souvenir » est plus

simple, c'est *sub-venire*, littéralement « venir de dessous », verbe qui, en latin classique, veut dire « venir en aide, secourir », puis, tardivement, « se présenter à l'esprit ». Le même mot latin a donné notre « subvenir », « secourir, venir à la rescousse », d'où « subvention ». Il en résulte que le souvenir « survient » comme une aide que nous recevons présentement de la mémoire, donc de notre passé, de nos expériences passées. Peut-être n'est-il pas inutile de nous le rappeler.

Mais il arrive que le souvenir ne se présente pas en temps voulu, nous avons des « trous de mémoire », surtout si cette dernière n'a pas été suffisamment exercée et entretenue. Nous la croyons capricieuse, alors qu'elle est sélective. Elle choisit, elle élimine, elle met de l'ordre là où il n'y en a pas, en vue de faire de l'ensemble de notre passé, contre toute évidence, un tout cohérent, rassurant, mais illusoire, pour une grande part imaginaire, sinon romancé, ce dont sont les inconscientes victimes ceux qui racontent leur vie et plus encore ceux qui l'écrivent, les autobiographes qui croient pouvoir se dire : « Quel roman que ma vie ! », car, dans les matériaux déjà triés de leurs souvenirs, ils ne gardent, parfois à leur insu, que ceux qui les mettent en valeur, qui font d'eux un personnage.

À l'inverse, c'est ce personnage qu'est censée déconstruire la psychanalyse, parce qu'il nous est devenu insupportable, parce que nous ne nous reconnaissons plus en lui, que nous percevons qu'il y a tromperie et même fraude, que nous avons été, et que nous sommes, dupes de nous-mêmes. En conséquence, nous voulons ou, du moins nous souhaitons rétablir la vérité telle qu'elle fut, donc redevenir conscients et lucides, dans la mesure du possible, car ce n'est sans doute qu'une utopie, respectable toutefois.

On s'accorde généralement pour me reconnaître une excellente mémoire. Ce sont les autres qui me l'ont appris. Je n'en disconviens pas, mais je n'y vois pas que des avantages : une bonne mémoire peut engendrer un encombrement et rendre plus difficile de retrouver la sensation première. Dans de telles archives, une telle bibliothèque, il m'arrive de me perdre, mais non sans plaisir, non sans amusement. Si, par exemple, je fredonne un cantique remonté de très loin, à un moment où mon esprit est vacant, je retrouve le garçon qui le chantait, entre banc et prie-Dieu, dans la chapelle du collège, le dimanche matin à la messe. Et, du même coup, je perçois ma propre continuité, car, à ce garçon, je puis encore aujourd'hui aisément m'identifier. Il est toujours là, a-t-il vraiment changé ?

À l'époque où j'étais enfant, on éduquait systématiquement la mémoire. Il fallait apprendre « par cœur » non seulement les tables de multiplication et la liste des départements avec leurs préfectures, mais les fables de La Fontaine, et, plus tard, des passages entiers des auteurs latins et grecs. Je puis encore réciter de mémoire des séries d'alexandrins de Racine et même des fragments des *Catilinaires* de Cicéron, comme le fameux : « *Quousque tandem abutere, Catilina, patientia nostra ?* », ou, venant d'un plus ancien passé préscolaire, « Le bon roi Dagobert » ou « Malbrough s'en va-t'en guerre », et je plains ceux qui ont tout oublié.

Toutefois, si j'examine sincèrement, avec le désir de distinguer le vrai du faux, la période de ma vie que je juge rétrospectivement comme la plus riche, la plus intense, celle que j'ai vécue de huit à treize ans à Nogent-sur-Marne, dans une grande maison entourée d'un vaste jardin, je sais bien que je ne l'ai pas alors vécue en tant que telle, d'abord parce que je manquais de points de comparaison, mais surtout parce qu'elle comportait d'insupportables servitudes, celles qui accablent tout écolier : se lever tôt le matin, quand on a encore sommeil, et partir pour l'école mal réveillé, la grasse matinée ne pouvant avoir lieu pour nous que le jeudi car, le dimanche, il fallait retourner au collège pour assister à la messe, puis au cours d'instruction religieuse, ce qui occupait toute la matinée, et, à la maison, j'étais soumis à la tyrannie de mon père à laquelle je ne pouvais me dérober que par de sournois subterfuges.

Le bonheur au superlatif, sans l'ombre d'un nuage, et que j'ai réellement vécu en tant que tel, n'a été qu'un bref épisode, celui qui suivit mon opération de l'appendicite, quand je venais d'avoir onze ans. Juste avant, lorsqu'on m'annonça l'opération imminente, j'avais manifesté un sang-froid, un courage qui bouleversa ma famille éplorée, et m'étonna moi-même. Pourtant, ma réaction était des plus naturelles : je souffrais trop. Au retour de la clinique s'ouvrit une ère de délices : en faisant fête, on choyait le jeune héros que, malgré moi, j'étais devenu. Pendant plusieurs semaines, je ne quittai pas mon lit, recevant dans ma chambre les visites des prêtres du collège et de mes camarades. Le reste du temps, j'avais tout loisir de rêvasser, de somnoler et surtout de lire. Je dévorai presque tout Jules Verne, mais aussi de vrais récits de voyage, m'identifiant à ces géants au point que je me croyais promu moi-même au rang d'explorateur. Je l'étais en effet devenu, mais de mon monde intérieur, dans la chaude intimité de mon lit[6].

Ces souvenirs, je les avais perdus de vue. Je les retrouvai partiellement au cours de mon analyse. Puis je les perdis à nouveau. Ce n'est que beaucoup plus tard que je compris qu'ils pouvaient constituer pour moi un antidote, une sauvegarde ; c'était une sorte de trésor toujours présent au tréfonds de moi, auquel, en cas de besoin, je pouvais recourir.

Nous vivions alors, Simonne et moi, des jours sombres, nos soucis étaient tels qu'ils auraient pu me tenir éveillé, si je n'avais trouvé une parade. Tous les soirs, entre veille et sommeil, je retournais dans la maison de Nogent, non en imagination, mais réellement, corps et âme, ceux que je croyais irrémédiablement perdus, ceux de l'âge d'or, et ce retour agissait à la manière d'un exorcisme. Toutes les nuits, pendant des semaines, je parcourais la maison, m'attardant dans une pièce déjà visitée, dont j'inventoriais une fois encore le contenu. Tout à coup me sautait aux yeux un détail oublié, et l'image brusquement devenait si nette, si claire que j'étais de nouveau présent dans le passé. Je montais jusqu'à ma chambre. Dans la glace de l'armoire en pitchpin, j'entrevoyais la silhouette d'un garçon en culottes courtes. Alors, je me déshabillais, je me couchais dans mon vrai lit. Au réveil, j'avais oublié mes préoccupations, mon malaise s'était dissipé. J'avais repris courage, je pouvais affronter d'autres difficultés.

Mais cette maison, ce jardin avaient-ils vraiment existé tels que je les retrouvais ? Ne les avais-je pas, après coup, embellis, dans la mesure où j'y fus heureux ? La maison était-elle aussi grande, puisque j'étais plus petit ? Jamais je n'y étais revenu, de peur de détruire une illusion ` laquelle je tenais, quand, un jour, traversant Nogent en voiture avec un ami, je lui montrai au passage l'allée qui y conduisait. Il s'arrêta aussitôt, il tenait à voir la maison de mon enfance. Je le suivis, le cœur serré. Elle était toujours là, inchangée depuis cinquante ans, tout aussi belle, tout aussi vaste que je la rêvais. Et, la nuit suivante, j'y revins.

Si je me suis attardé sur cette aventure personnelle, c'est que je suppose que mon cas n'est pas unique. Nous avons tous vécu un épisode comparable, chacun à notre façon.

Pour ce qui est de la conscience et de l'inconscient, la psychologie bouddhique pourrait sans doute compléter et affirmer nos connaissances. Ses plus éminents représentants furent, au IVe siècle de notre ère, deux maîtres du Mahâyâna (ou Grand Véhicule), Asanga et son demi-frère Vasubandhu, qui fondèrent le Yogâchâra, l'école des « pratiquants du yoga », yoga désignant ici l'exercice de la méditation. On appelle aussi cette école Vijñânavâda, de l'« enseignement sur la conscience », ou Cittamâtra, l'école de l'« Esprit seul », ou de « seulement l'Esprit ».

Cet enseignement repose sur des bases tout aussi expérimentales que la psychologie moderne, mais il s'agit ici d'expériences intérieures, celles des méditants, qui leur permirent d'explorer les tréfonds du psychisme humain plus de quinze cents ans avant Freud et Jung.

Dans l'étude de la conscience, Asanga admet le principe depuis longtemps reconnu dans le bouddhisme selon lequel toute chose n'existe qu'en fonction de la connaissance que nous en avons. Pour lui et ses successeurs, l'univers n'est qu'une représentation émanée de notre conscience (*vijñâna*), ce qui les conduisit à étudier plus avant qu'on l'avait fait jusqu'alors les structures du psychisme.

Ils y distinguent huit consciences qui diffèrent par leurs sources et leurs fonctions : d'abord les six consciences sensorielles, les cinq consciences liées directement aux cinq sens, la sixième étant le mental, *manas*, qui interprète et synthétise les données fournies par les cinq autres sens. Le mot *manas* vient de la racine indo-européenne *men-*, qui indique les « mouvements » de l'esprit, et a donné le grec *menos*, l'« âme », en tant que principe de vie et source de désirs, et le latin *mens-mentis*, l'« esprit », ou plus exactement le « mental », l'« intellect ».

L'analyse subtile à laquelle ils se livrèrent conduisit ces psychologues à subdiviser *manas* en deux instances distinctes : *manovijnâna* et *manas*. *Manovijnâna*, la sixième conscience, la conscience « mentalisée », a pour fonction d'observer les opérations mentales et *manas*, la « capacité de réflexion », qui permet de discriminer, de douter et de critiquer les précédentes données, devient la septième conscience. Elle n'en est pas moins sujette à l'erreur, car si elle fait naître dans le psychisme une vue apparemment cohérente des êtres et des choses, elle est viciée par le fait qu'elle sépare indûment le sujet et l'objet, le sujet percevant se distinguant de l'objet perçu, et se concevant de ce fait comme un moi séparé, ce qui, pour le bouddhisme, constitue la plus dangereuse des illusions.

Mais la découverte essentielle de la psychologie du Yogâchâra est celle d'une huitième conscience, réunificatrice et ultime, *âlayavijñâna*, la « conscience de tréfonds », fondement (*âshraya*) de toutes les autres, conscience « inconsciente », sous-jacente, impersonnelle, difficile à concevoir intellectuellement, qui « ne se manifeste que par son activité, ses effets », accessible seulement dans la méditation, en laquelle elle se révèle effective et efficace. Asanga en a analysé la structure et le fonctionnement[7]. En *âlayavijñâna* s'accumulent tous les germes (*bîja*) provenant des actes (*karma*). Ils s'y enfoncent comme dans un terreau, y croissent et mûrissent leurs fruits (*vipâka*), purs et impurs, positifs et négatifs, lesquels engendreront une nouvelle personnalité, différente de la précédente, dont elle est l'héritière, le « fruit ». *Âlayavijñâna* assure, à partir du discontinu vigile et des périodes d'inconscience relative, dans le sommeil par exemple, la continuité du noyau de la personnalité, qui, par-delà la mort, poursuit sa migration dans le *samsâra,* le cycle des naissances et des morts successives. À ce titre, on dénomme *âlayavijñâna* « conscience réceptacle ». Les germes actifs, ou résidus des actes, sont appelés *vâsanâ,* « imprégnations, empreintes, rémanences ». Ces impondérables s'impriment dans la huitième conscience, en tant que « virtualités » (*sâmarthya*). Mais d'autres germes, ceux-là innés, se trouvent d'ores et déjà dans *âlayavijñâna,* que l'on appelle pour cette raison « conscience héréditaire ». Impersonnels, archaïques, ces germes-là sont porteurs des traces de l'expérience ancestrale, peut-être même certains d'entre eux sont-ils des vestiges des phases de l'évolution, aux rameaux de laquelle se rattache l'esprit humain. (On parle bien en neurologie de la survie chez l'homme d'un « cerveau reptilien », recouvert par des couches plus récentes.) Ces germes sont donc à la fois biologiques et cosmiques, ontogénétiques et phylogénétiques. Ainsi *âlayavijñâna* correspondrait à l'inconscient personnel, mais aussi à l'inconscient collectif, ici magnifié en tout sens, aux dimensions de la vie elle-même en son déploiement.

Seulement ni Freud ni même Jung ne pouvaient envisager ce que la psychologie bouddhiste suppose, mieux, qu'elle affirme. Toute souillée, encombrée et obscurcie qu'elle soit, la conscience de tréfonds peut se métamorphoser en *amalavijñâna*, la « conscience immaculée » de l'éveillé, pure et vide, que ne remplit plus, si l'on peut dire, que la Vacuité (*Shûnyatâ*), véritable essence de tout existant, c'est-à-dire l'Absolu.

8

Dieu est-il personnel ou impersonnel ?

Je ne crois pas que Dieu existe ; j'irais même jusqu'à dire que je suis sûr qu'il n'existe pas. Sans doute s'étonnera-t-on de m'entendre tenir de tels propos. Je dois donc m'en expliquer. Ce que je veux dire, c'est que le concept même d'existence ne peut s'appliquer qu'à l'homme, mais absolument pas à Dieu, puisqu'il est l'Être : « Je suis celui qui suis. » Admettre que Dieu existe serait le personnifier, ce qui revient à le caricaturer.

Même l'emploi du nom de « Dieu » est suspect. Pour les linguistes, il vient de la racine indo-européenne *dei-*, « briller », qui a donné *deiwo-* et *dyew-*, désignant le ciel lumineux, considéré comme divin. En grec, cette racine a donné *Dios* (pour *Diwos*), le génitif de *Zeus*, en latin *divus*, contracté ensuite en *deus* ; en sanskrit, dieu se dit *deva*. En fait, Dieu est innommable. Le nommer, c'est déjà le définir, et comment pourrait-on définir l'« Infini » ?

Le Dieu unique des trois monothéismes possède un nom personnel, qui cependant varie. En hébreu, dans le premier chapitre de la Genèse, on l'appelle tantôt *Elohim*, pluriel de *El*, nom commun aux langues sémitiques, tantôt *Yahvé*, qui est le nom que Dieu se donne lui-même quand Moïse, dans le récit du Buisson ardent, l'interroge : « S'ils [les enfants d'Israël] demandent quel est ton nom, que leur répondrai-je ? Dieu dit alors à Moïse : "Je suis celui qui suis (*ehyeh asher ehyeh*)", et plus loin : « Tu leurs diras : Je suis (*ehyeh*) m'a envoyé vers vous. » C'est cet *ehyeh* qui a été transcrit d'abord par *Jehovah*, puis par *Yahvé*. *Yahvé* est donc le nom propre du Dieu d'Israël, du Dieu de l'Alliance conclue avec le peuple élu.

À nos yeux, ce Yahvé est par trop humain. Il est violent, irascible, jaloux, vindicatif, il s'emporte, change d'avis, se repent de ce qu'il fait. C'est le Dieu vengeur, le Dieu du Déluge, *Sabaoth*, le « Dieu des armées ». C'est une sorte de croquemitaine que l'on craint plutôt qu'on l'aime. Et l'on se souvient de la phrase de Voltaire : « Dieu a fait l'homme à son : image... et l'homme le lui a bien rendu. »

Tel est le portrait de Dieu dans l'Ancien Testament, mais dans le Nouveau, il s'est adouci. Le Dieu dont parle Jésus est un Dieu d'amour et de miséricorde. C'est aussi un Dieu-Père (*Abba*), auquel Jésus s'adresse avec la familiarité d'un enfant, c'est « Notre Père qui es aux cieux », celui qui, au baptême, déclare que Jésus est son « Fils bien-aimé en qui [il] a mis ses complaisances ». Ainsi commence à s'esquisser la Trinité, terme qui n'est d'ailleurs pas employé dans les Évangiles. Cependant Jésus lui-même annoncera la venue de celui qui le suivra, le « Consolateur », l'« Esprit Saint », que le Père, de qui il procède, enverra aux hommes au nom de Jésus (Jean 14, 17 et 26 ; 15, 26).

Mais même ce Dieu-Père des Évangiles est-il pour nous acceptable ? Aujourd'hui, on peut en douter, après le passage dévastateur de Freud et de la psychanalyse. Ce Dieu-là est lui-même une projection évidente du *pater familias*, redouté, sans doute fort utile à la société, où il jouait le rôle d'une sorte de gendarme ; or la peur du gendarme n'est-elle pas le commencement de la sagesse ? Parler d'un Dieu-Père et d'un Dieu-Fils évoque par trop la famille humaine. D'ailleurs, cela obligerait à admettre des propositions insensées et même scandaleuses, qui discréditent la religion auprès des rationalistes, même les plus modérés, les plus ouverts : une vierge qui enfante, une femme qui serait devenue « mère de Dieu », Jésus qui serait à la fois homme et dieu... On comprend dès lors les interminables disputes des conciles et les nombreuses hérésies qui découlèrent de la proclamation du dogme.

Je me souviens combien tout cela me troublait, dans ma petite enfance, quand on m'apprenait le catéchisme. Par suite de la particularité de ma constellation familiale, j'identifiais alors ces deux hommes barbus, l'un vieux et l'autre jeune, le Père et le Fils, le premier à mon père qui avait une barbe grise, puis blanche (il avait cinquante-deux ans à ma naissance), et le second à mon premier frère, mon aîné de dix-huit ans, qui portait une barbe brune et moins fournie, et s'intitulait lui-même mon « père spirituel », car il était mon parrain, ce qui ne faisait qu'accroître ma confusion.

Tout compte fait me plaît assez, sans doute parce que je suis ornithologue, l'image du Saint-Esprit sous forme de colombe. De plus, quand le faucon crécerelle plane sur la place en battant des ailes, ne dit-on pas qu'il « fait le Saint-Esprit » ?

Les juifs et les musulmans, strictement monothéistes, accusent les chrétiens d'être polythéistes, puisqu'ils croient en trois dieux et même en quatre, si l'on compte la mère de Dieu. Mais on ne peut plus admettre aujourd'hui ces notions opposées de monothéiste et de polythéiste. Elles ne sont que conventionnelles et point du tout innocentes, puisque parler de polythéisme est pour un monothéiste rejeter en vrac toutes les autres religions, considérées comme païennes et donc fausses.

Pourtant païens, les philosophes grecs, de Socrate, Platon, Aristote, au Ve-IVe siècle avant J.-C., à Plotin, au IIIe siècle de notre ère, croyaient en l'existence d'un Dieu unique, identifié plus ou moins à Zeus. Cicéron dans *La Nature des dieux* récuse les croyances pluralistes des épicuriens et des stoïciens et fait prévaloir son point de vue personnel, exposé par son « alter ego », lequel reproche aux stoïciens, dont il est proche, leur attachement aux croyances anthropomorphiques et polythéistes du peuple et des poètes. L'hindouisme non plus ne peut être vraiment qualifié de polythéiste. En dehors des dévotions populaires, ses penseurs et ses mystiques les plus éminents ne reconnaissent qu'un seul dieu, Brahman, dont Brahma, le Créateur, Vishnou et Shiva, qui forment une trinité – la *Trimûrti*, mot sanskrit qui signifie « qui a trois formes » – ne sont que des « avatars » du Dieu unique, ceux auxquels s'adressent leurs dévots, tandis que, pour les mystiques, Brahman est celui vers qui tend l'*âtman* humain, qui est le Soi réalisé et non le moi, afin de s'identifier à lui.

En ce qui concerne le Dieu impersonnel que j'accepte, ayant refusé depuis longtemps ce personnage qu'est tout Dieu personnel, je me sens moins esseulé depuis que j'ai lu les résultats d'une enquête récente sur ce sujet. « Sur l'ensemble des pays européens concernés, 73 % des pratiquants réguliers (protestants et catholiques confondus) affirment croire en un Dieu personnel et 21 % en un Dieu impersonnel. Chez les pratiquants irréguliers, les chiffres passent respectivement à 37 % et 38 %. Chez les non-pratiquants, ils sont de 21 % et de 35 %[1]. » De tels pourcentages auraient été impensables il y a vingt ou trente ans. Le recul de la croyance en un Dieu personnel résulte certainement en grande partie de l'éloignement des Églises instituées, mais aussi du succès des spiritualités orientales et du regain d'intérêt pour les mystiques chrétiens et musulmans, surtout soufis, qui insistent sur l'inconnaissabilité de Dieu, comme d'ailleurs le faisait même saint Thomas d'Aquin : « En dernier ressort, tout ce que l'homme sait de Dieu, c'est qu'il ne le connaît pas, car il sait que ce qu'est Dieu surpasse tout ce que nous pouvons comprendre de lui. »[2]

Ce Dieu impersonnel et inconnaissable est celui de l'apophase (du grec *apophasis*, « négation ») et de l'apophatisme ou théologie négative, qui s'oppose à la théologie affirmative ou cataphatique. Mais cette théologie n'est négative que dans la mesure où elle affirme que, de Dieu on ne peut rien dire, puisque le langage ne peut évidemment exprimer ce qui est indicible, ce qui échappe à ses catégories.

« Sans cette priorité [de l'apophatique], écrit Henry Corbin, le grand commentateur de la spiritualité islamique..., on ne fait qu'accumuler sur la divinité des attributs créaturels... Alors le monothéisme périt dans son triomphe, dégénère en l'idolâtrie qu'il voulait farouchement éviter. Ce fut le sort des théologies affirmatives, quand elles se coupèrent et s'isolèrent du château fort de la théologie apophatique[3]... »

L'apophase est inséparable de toute démarche mystique, elle en est même la condition nécessaire. La véritable mystique est tout intériorisation. Elle est rentrée en soi-même, rentrée chez soi. C'est d'abord un mouvement volontaire, l'épectase, du grec ecclésiastique *epectasis*, dans lequel *ec-* (*ex-*) exprime la sortie de soi, qui suit la rentrée en soi, l'âme se désertant elle-même afin de laisser entrer ce qui vient de dessus (*ep-*), et que le grand mystique Grégoire de Nysse définit comme « la tension vers ce qui est en avant [et au-dessus], les choses qui paraissaient auparavant parfaites tombant dans l'oubli », puis une attente patiente et confiante. Alors peut survenir l'inattendu, l'indicible.

Cette intrusion soudaine dans la conscience du méditant de l'« innommable », les mystiques ont tenté de l'exprimer au mieux. Ainsi Plotin, lorsqu'il fait allusion aux instants privilégiés où quelque chose qui était jusque-là inconscient envahit le champ de la conscience. « C'est une lumière qui est apparue d'un seul coup, elle-même en elle-même seule, pure, par elle-même, en sorte que l'esprit se demande d'où elle est apparue, du dehors ou de l'intérieur, et, quand elle s'en est allée, il se dit : "C'était bien à l'intérieur, et pourtant pas à l'intérieur." Mais l'on ne doit pas chercher d'où cette lumière est apparue. Car là-bas il n'y a pas de lieu d'origine. Car elle ne vient de nulle part et ne s'en va nulle part, mais elle apparaît ou n'apparaît pas. C'est pourquoi il ne faut pas la poursuivre, mais attendre en paix qu'elle apparaisse, en se préparant à la contempler, comme l'œil attend le lever du soleil ; celui-ci surgissant au-dessus de l'horizon... se donne à nos regards pour être contemplé[4]. » Et le méditant se demande : « Sommes-nous la partie de l'âme qui demeure toujours dans l'Esprit, ou bien sommes-nous ce qui s'est ajouté à elle et qui est soumis au devenir du temps ? » Plotin en vient à s'interroger : « Mais ne faut-il pas dire qu'avant que se produise la naissance actuelle, nous étions dans le monde transcendant d'autres hommes – certains d'entre nous même des dieux –, nous étions des âmes pures, nous étions Esprit, unis à la totalité de l'Être, parties du monde spirituel, sans séparation, sans division ; nous appartenions au Tout (et même encore maintenant nous n'en sommes pas séparés)[5]. » Dès lors, comment ne pas s'étonner ? « Si nous avons en nous de si grandes choses, pourquoi n'en avons-nous pas conscience, pourquoi, la plupart du temps, restons-nous sans exercer ces activités supérieures ? Pourquoi certains hommes ne les exercent-ils jamais[6] ? »

Ainsi, mille ans plus tard, saint Bernard de Clairvaux, évoquant son expérience personnelle de la présence divine dans l'âme du fidèle, écrivait : « J'ai regardé au-dedans de moi et j'ai vu qu'il m'était plus intérieur que moi-même... Chaque fois qu'il entrait en moi, il ne fit jamais connaître sa venue par aucun indice, ni par la voix, ni par la vue, ni par la démarche. Enfin, il ne s'est manifesté en moi par aucun mouvement, ne s'étant glissé au fond de moi-même par aucun de mes sens. Ce fut seulement par le mouvement de mon cœur que j'ai reconnu sa présence[7]. »

La démarche préalable ascensionnelle, l'épectase, puis la halte au sommet, sont symbolisées dans la mystique judéo-chrétienne par la montée de Moïse au Sinaï, où l'appelle la voix depuis le Buisson « tout en feu », mais qui « ne se consume point ». Nul ne l'a mieux explicité et commenté que l'un des premiers Pères grecs de l'Église, Grégoire, évêque de Nysse en Cappadoce (331-395), dans sa *Vie de Moïse*[8]. Dans son *Discours catéchétique*, il écrit : « De même que l'œil participe à la lumière grâce aux principes lumineux qui y sont naturellement déposés, et attire à soi, en vertu de ce pouvoir inné, ce qui a la même nature, de même une certaine affinité avec le divin fut mêlée à la nature humaine pour lui inspirer, au moyen de cette correspondance, le désir de se rapprocher de ce qui lui est apparenté. » Dans *Sa Vie de Moïse*, Grégoire de Nysse précise : « L'Être divin étant vivifiant par essence et, d'autre part, le caractère distinctif de la nature divine étant d'être au-dessus de toute détermination, celui qui pense que Dieu est quoi que ce soit de déterminé passe à côté de celui qui est l'Être par essence, pour saisir ce que l'activité subjective de l'esprit prend pour de l'être, et n'est pas la Vie. Car la Vie véritable, c'est celui qui est par essence. Or cet être est inaccessible à la connaissance. Si donc la Nature vivifiante transcende la connaissance, ce qui est saisi par l'esprit n'est aucunement la Vie. Or ce qui n'est pas la Vie n'est pas apte à communiquer la Vie. Donc ce qu'il désire s'accomplit pour Moïse par là même que son désir demeure inassouvi. » Nécessairement inassouvi, puisque, dit saint Jean de la Croix, « on ne peut voir Dieu sans mourir ». Plus loin, Grégoire de Nysse ajoute : « Moïse entra dans la ténèbre où Dieu était, c'est-à-dire dans les pensées secrètes et invisibles sur l'Être. Lorsque l'âme, amie de Dieu, cherche ce qu'est l'Être par essence, elle entre dans une quête informe et invisible et c'est de cette quête que lui parvient le plus grand bien, qui est de comprendre que Dieu est totalement incompréhensible et de voir justement ce qui est invisible... Que signifie l'entrée de Moïse dans la ténèbre ? Le Verbe nous enseigne que plus l'esprit s'approche de la contemplation, plus il voit que la nature divine est invisible. La vraie connaissance de celui qui cherche, c'est en effet comprendre que voir consiste à ne pas voir. »

Héritier des Pères grecs, Grégoire Palamas (1296-1359) distingue en Dieu l'essence de l'énergie. L'essence demeure inaccessible, imparticipable ; nous ne connaissons Dieu que dans ses énergies, dans les dons qu'Il nous fait et par lesquels Il se rend participable[9]. Ce que commente Jean Daniélou : « La lumière et la ténèbre, le repos et le mouvement, la sobriété et l'ivresse sont moins deux moments successifs que deux aspects complémentaires ; l'un, lumière, repos, correspond à la réalité de la participation, l'autre correspond à la transcendance infinie de l'essence. L'état mystique de ces deux éléments apparemment inconciliables. »

En marge de la théologie affirmative, celle des théologiens officiels de l'Église et de l'université, enseignant ex cathedra, a cheminé pendant des siècles le courant apophatique, à l'ombre des cloîtres, mais lorsqu'il en est sorti, il a été condamné par les autorités ecclésiastiques. C'est ce qui arriva à Maître Eckhart qui dut venir se justifier en Avignon et y mourut en 1328. Cependant, un certain nombre de ses propositions furent condamnées à titre posthume, le 27 mars 1329, par une bulle papale de Jean XXII qui précisait que cette condamnation venait de ce qu'« il a voulu en savoir plus qu'il ne convenait[10] ».

Peu convenable, Maître Eckhart l'était en effet et certaines de ses propositions étaient d'une audace qui pouvait être prise pour dangereuse, provocante et scandaleuse, par exemple quand il distingue *Got* et *Gotheit*, le Dieu personnel et la Déité impersonnelle, dont il écrit qu'ils sont « aussi différents que le ciel et la terre ». Maître Eckhart va encore plus loin dans son sermon[11], où il prend prétexte d'un passage des Actes des apôtres qu'il cite en latin : « *Surrexit autem Saulus de terra aperticusque oculis nihil videbat* » et traduit : « Paul se releva de terre et, les yeux ouverts, il ne vit rien. » Je rappelle l'essentiel de ce passage (Actes 9, 1-9) : « Comme il était en chemin et qu'il approchait de Damas, tout à coup une lumière venant du ciel resplendit autour de lui. Il tomba par terre, et entendit une voix qui lui disait : Saul, Saul, pourquoi me persécutes-tu ?... Saul se releva de terre, et bien que ses yeux fussent ouverts, il ne voyait rien ; on le prit par la main et on le conduisit à Damas ; et il fut trois jours sans voir... », ce qui signifie qu'il fut aveugle pendant tout ce temps. Mais Eckhart l'entend tout autrement. Il dit : « Quand il se releva de terre, les yeux ouverts, il ne vit rien, et *ce néant était Dieu*, car, lorsqu'il vit Dieu, il l'appelle un néant », ce que Maître Eckhart commente : « Je ne saurais voir ce qui est. Il ne vit rien, c'était Dieu. Dieu est un néant et Dieu est quelque chose. Ce qui est quelque chose, cela est aussi néant. Ce que Dieu est, il l'est pleinement. »

Pour appuyer cette interprétation, Eckhart fait appel à des autorités irréfutables, d'abord Paul lui-même, qui écrit : « Dieu habite dans une lumière à laquelle personne ne saurait accéder », puis Denys l'Aréopagite qui, dans sa *Théologie mystique,* dit de Dieu : « Il est par-delà l'Être, par-delà la vie, par-delà la lumière... » Il convoque enfin saint Augustin qui dit : « Quand [Paul] ne vit rien, alors il vit Dieu [12]. » Mais ce qu'Eckhart veut laisser entendre s'explique par la différenciation qu'il fait entre *Got* et *Gotheit* : Dieu est, il crée, tandis que la Déité est Non-Être, ce qui fait penser aux spéculations de la Kabbale hébraïque.

Toutefois, ce qui est innommable, indéfinissable, indicible, au moins faut-il pouvoir le désigner, ne serait-ce que pour éliminer ce qui l'encombrerait. C'est ce qu'ont tenté les penseurs les plus rigoureusement apophatiques, comme Denys l'Aréopagite, Plotin ou Maître Eckhart.

Dans *Les Noms divins,* le prêtre Denys écrit : « Si la Déité dépasse tout raisonnement et toute connaissance, absolument supérieure à l'intelligence et à l'essence, embrassant toutes choses et les rassemblant, les comprenant et les anticipant, mais elle-même inaccessible à toute prise, si elle exclut et sensation et image, et opinion et raisonnement, et contact et science, comment pourrons-nous discuter sérieusement des noms qui conviennent aux réalités divines, ayant démontré que la Déité suressentielle échappe à toute expression et transcende tout nom ? » Dans *La Théologie mystique,* Denys ajoute cependant que « les mystères simples, absolus, incorruptibles de la théologie se révèlent dans la Ténèbre plus que lumineuse du Silence », et il cite, comme Grégoire de Nysse, l'exemple archétypique de Moïse : « C'est alors seulement que, dépassant le monde où l'on est vu et où l'on voit, Moïse pénètre dans la Ténèbre véritablement mystique de l'inconnaissance ; c'est là qu'il ferme les yeux à tout savoir positif, qu'il échappe entièrement à toute saisie et à toute vision, car il appartient tout entier à Celui qui est au-delà de tout, car il ne s'appartient plus lui-même ni n'appartient à rien d'étranger, uni par le meilleur de lui-même à Celui qui échappe à toute connaissance, ayant renoncé à tout savoir positif et, grâce à cette inconnaissance même, connaissant par-delà toute intelligence. »

Aussi, s'adressant à son disciple Timothée, Denys lui conseille-t-il : « C'est en sortant de tout et de toi-même, de façon irrésistible et parfaite, que tu t'élèveras dans une pure extase jusqu'au rayon ténébreux de la divine Suressence, ayant tout abandonné et t'étant dépouillé de tout [13]. »

Plotin, lui, préfère parler de l'« Un », et il écrit : « L'Un n'est donc pas l'Intellect, mais il est avant l'Intellect. Car l'Intellect est quelque chose qui fait partie des êtres, mais Lui, il n'est pas quelque chose, mais avant chaque chose. Et l'Un n'est pas non plus l'Étant. Car précisément l'Étant a en quelque sorte une forme, qui est celle de l'Étant, mais l'Un est privé de forme, même de forme intelligible. Car la nature de l'Un, parce qu'elle est génératrice de toutes choses, n'est aucune d'entre elles. Donc, on ne peut pas dire qu'il est quelque chose, ni qu'il est qualifié ou quantifié, ni qu'il est Intellect ou âme. Et il n'est pas mû, mais pas non plus en repos, ni dans le lieu, ni dans le temps [14]. »

Enfin, Maître Eckhart affirme audacieusement du Dieu personnel (*Got*), du fait qu'il est distinct de la Déité (*Gotheit*), dont il n'est que le reflet déformé, parce que humanisé : « En toute vérité, et aussi vrai que Dieu vit, ce "Lieu" [celui de l'apophase, le lieu de la Déité], Dieu lui-même ne le pénétrera jamais un instant, ne l'a encore jamais pénétré de son regard, en tant qu'il possède un mode et une propriété de ses Personnes. On le comprend facilement, car l'Un unique dont je parle est sans mode et sans propriété. C'est pourquoi si Dieu doit jamais le pénétrer de son regard, cela lui coûtera tous ses noms divins et la propriété de ses Personnes. Il lui faut les laisser toutes à l'extérieur pour que son regard pénètre. Il faut qu'il soit l'Un dans sa simplicité, sans aucun mode ni propriété, là où il n'est en ce sens ni Père, ni Fils, ni Saint-Esprit, et où il est cependant un quelque chose qui n'est ni ceci ni cela [15]. » Eckhart trace ainsi le parcours du véritable mystique qui doit nécessairement passer de *Got* à *Gotheit*, de Dieu à l'indicible Déité.

Telle devrait être aussi l'attitude de tout méditant, à quelque école qu'il appartienne. C'est d'ailleurs encore aujourd'hui celle des vrais mystiques. Récemment, le supérieur d'une importante congrégation monastique disait devant moi : « Je prie Dieu avec ferveur, mais je ne sais absolument pas qui c'est. » La distinction formulée par Maître Eckhart trouve curieusement son écho chez l'Indien Nâgârjuna, le plus grand des philosophes bouddhistes au Ier-IIe siècle, qui établit la différence et l'incompatibilité entre deux sortes de vérité, la relative et l'absolue, mais, étant non dualiste, ne les distingue que pour les réunifier.

Tournons-nous à présent vers les dits d'autres mystiques qui nous sont moins familiers, mais qui, reposant en fin de compte sur des expériences personnelles indicibles, sont nécessairement eux aussi apophatiques. Je me limiterai à deux de ces mystiques, que j'ai choisies radicalement étrangères l'une à l'autre, la Kabbale et le taoïsme, qui présentent de troublantes convergences avec toutes les formulations précédentes.

Les kabbalistes, se refusant à nommer Dieu, le désignent comme *Eyn Sof*, l'« Infini », ou *Ayin*, le « Néant », point de départ de l'émanation des dix *sefirot*, les étapes de la création. Le saut entre le non-manifesté et le manifesté, entre l'intériorité secrète du Divin et sa progressive extériorisation, entre l'unité divine et la multiplicité des existants, se trouverait expliqué par la doctrine quelque peu aventureuse du *tsim-tsoum* : l'Infini, se contractant, se repliant sur soi-même, crée, au sein de la plénitude originelle, un vide à partir duquel peut se déployer le processus de ses émanations[16]. Ainsi, au XVIIIe siècle, le rabbin Élie de Vilna, dit le Gaon (génie) de Vilna, écrit : « Sache qu'il ne faut absolument pas spéculer sur l'Infini, béni soit-il, car il est interdit de lui attribuer ne serait-ce qu'une existence nécessaire. Même la première *sefira* [singulier de *sefirot*] est appelée Néant, alors que la deuxième est dénommée Être, à savoir que nous savons qu'il est, et c'est seulement cela que nous percevons de lui, ce qui n'est même pas le cas de la première [*sefira*] et à plus forte raison de l'Infini, béni soit-il, que son nom soit béni, qu'il est interdit de penser de quelque façon, qu'il est même interdit d'appeler "Infini[17]".

Plus drastiquement apophatique, plus radical encore serait le verset qui ouvre triomphalement le *Tao tö King* (*Daode jing*). Il a excité ses innombrables traducteurs au point que la pointe s'en est émoussée, surtout dans les traductions les plus récentes, parce que leurs auteurs ont tenu à se démarquer de celles, parfois laborieuses, des véritables sinologues, ce qu'ils ne sont pas.

Étant capable de lire, peut-être même d'interpréter les caractères chinois, voici ce que je crois comprendre :

« Le Tao dont on parle ne peut être le Tao,
Les noms qu'on lui donnent ne peuvent être les siens.
Non-Être, il est l'origine du Ciel et de la Terre
Être, il est la mère des dix mille choses.
De par leur constante alternance,
on en saisit et la merveille et les limites,

Ils ont même source, mais leurs noms diffèrent.
Réunis, nous pouvons les appeler Secret,
Mystère des mystères
Porte de tous les prodiges. »

Moins contestable, moins usé, plus facile à traduire, le verset suivant tente de cerner l'incernable d'une manière moins laconique, plus accessible :

« *On regarde et l'on ne voit rien,*
aussi l'appelle-t-on l'Invisible.
On écoute et l'on n'entend rien,
aussi l'appelle-t-on l'Inaudible.
On tente de toucher et l'on ne trouve rien,
aussi l'appelle-t-on l'Impalpable.
Ces trois inscrutables confondus ne font qu'un.
En haut, il n'est pas lumineux,
En bas, il n'est pas ténébreux.
[...]
Quand on va à sa rencontre,
on ne voit pas sa face,
Quand on le suit,
on n'en voit pas l'arrière[18]. »

Si l'on tient à donner au mot *Tao* un équivalent dans notre langue, il faudrait le traduire par la « Voie ». Tel est son sens originel et aussi celui qu'il a pris dans le bouddhisme chinois ; cette voie est celle de la méditation silencieuse et sans support, sans catégorie et ineffable.

Dirons-nous que, paradoxalement, le Dieu personnel est le concept consensuel, fondateur des religions et des dogmes, tandis que le Dieu impersonnel serait celui de la mystique, en tant qu'expérience directe et personnelle ? Toutefois l'opposition, qui est de mode, entre une religion prétendument cléricale, voire intégriste, et une spiritualité soi-disant laïque, qui n'est qu'une sorte d'amateurisme syncrétiste, reste quelque peu artificielle [19].

C'est pourquoi j'ai privilégié ici les témoignages des mystiques, qui, eux au moins, parlent d'expérience, et sont généralement à la fois religieux et spirituels. Pour eux, dire que Dieu est transcendant ou immanent n'a pas de sens. L'existence de Dieu est l'expérience de Dieu, et « expérimenter », c'est étymologiquement « aller de l'avant, pénétrer dans, du dehors ». Cette expérience, on l'a eue, ou pas, on l'aura, ou pas. On voit ou l'on ne voit pas : « L'œil dans lequel je vois Dieu est celui dans lequel Dieu me voit » (Maître Eckhart). Toutes ces citations et cette enquête elle-même m'ont permis de formuler par leur intermédiaire ce qu'au fond de moi je ressens plutôt que je pense, ce qui, au cours de ma méditation quotidienne, vient à moi, et qui est indicible quoique véridique et évident. En recourant à ceux que j'admire d'avoir osé et d'avoir pu exprimer, mais aussi en choisissant dans leurs œuvres les passages les plus conformes à mon expérience, ce qui constitue un aveu, au moins me suis-je dispensé d'en parler.

9

Sommes-nous vraiment libres ?

Dès sa conception, l'être humain est individualisé, déterminé par son patrimoine génétique, les chromosomes croisés de ses deux parents. Mais la personnalité de ceux-ci fut elle-même déterminée par celles de leurs quatre parents, lesquelles avaient été à leur tour déterminées par celles de leurs huit ascendants, et ainsi de suite... Jusqu'où peut-on remonter dans l'arbre généalogique ? De plus, dans la génétique biologique, les éléments constitutifs de la personnalité actuelle peuvent sauter une génération. Nous pouvons tenir telle caractéristique, par exemple des yeux bleus ou une tendance dépressive, d'une arrière-grand-mère, ou même, par voie collatérale, d'un grand-oncle. De toute manière, du fait de notre patrimoine génétique, nous sommes tous des héritiers, mais de quoi et de qui ? Comment s'y retrouver ? C'est à quoi prétend arriver la récente psychogénéalogie, que j'ai évoqué dans un chapitre précédent[1].

Il y a déjà longtemps que l'on ne croyait plus

que le nouveau-né était la « cire vierge » dont on parlait naguère. Certains psychothérapeutes avaient constaté chez certains de leurs patients des troubles qui ne semblaient pas résulter de chocs subis, enregistrés et dissimulés par leur inconscient personnel. Ces psychothérapeutes en étaient arrivés à conclure que ces troubles provenaient de chocs subis par un de leurs ascendants qui, incapable lui-même d'en venir à bout, les aurait transmis tels quels à leur descendance, ce que, disent les thérapeutes, ils avaient pu maintes fois vérifier en interrogeant leurs patients. Ce processus illustrait et confirmait l'existence d'un inconscient collectif, postulé longtemps auparavant par C.G. Jung. Ainsi fut instituée la psychogénéalogie qui s'efforce de retracer la genèse de ces troubles. Je n'ai pas à me prononcer ici sur la validité de celle-ci, sinon pour remarquer qu'en tant que thérapie, la psychogénéalogie ne met l'accent que sur les aspects négatifs, qu'il s'agit de soigner, de cette transmission, mais laisse de côté ses aspects positifs, bien qu'ils ne soient pas moins importants et déterminants, par exemple les attirances et pas seulement les répulsions, les goûts et pas seulement les dégoûts, et, en particulier, les prédispositions artistiques.

Il s'agit là de conditionnements innés, tandis que la psychologie contemporaine, dite « scientifique », s'intéresse, elle, aux conditionnements acquis. Leur étude remonte aux expériences classiques et élémentaires, faites sur le chien par Pavlov (1849-1936). Ces premières études furent reprises et développées par les psychologues behaviouristes qui ont défini, à travers des expériences menées également sur des animaux, un second type de conditionnement, dit « opérant ». Mais la psychologie scientifique, étant d'inspiration matérialiste, ne traite que des réactions organiques, celles du système nerveux, ce qui en limite singulièrement la portée[2]. Il n'en demeure pas moins étrange que la psychologie moderne, peut-être en raison du morcellement excessif des sciences humaines qui laisse inoccupés des pans entiers, en négligeant ou en rejetant tout examen pluridisciplinaire, n'ait pas encore étudié de manière systématique et synthétique des conditionnements, dans lesquels l'individu a grandi, qui sont pour tous évidents : la classe sociale et le milieu, dont traite, mais très partiellement, la sociologie, mais aussi la constellation familiale, mise en valeur par Freud, l'éducation tant familiale que scolaire, l'ascendant qu'ont pu exercer un maître ou un aîné respectés, pour ne citer que quelques facteurs évidemment déterminants, à quoi il faut joindre l'influence plus subtile, mais indéniable, qu'ont sur l'individu son nom et son prénom.

L'ensemble de ces facteurs diversifiés définissent pour le reste de sa vie la spécificité, le tempérament d'une personne. Quant à sa personnalité plus profonde, sous-jacente, le moi, tel que l'étudie, et éventuellement le secourt, la psychanalyse, elle se forme selon la doctrine freudienne au cours de la lutte contre les pulsions instinctuelles élémentaires et la répression du surmoi, et dépend en grande partie des traumatismes subis par l'enfant, blessures inguérissables dont il portera les cicatrices toute sa vie, et qui peuvent à tout moment se raviver, que ces traumatismes soient à l'origine réels, mais oubliés, ou imaginaires, fantasmatiques.

Enfin, en tant qu'êtres humains, nous sommes tous tributaires des données que nous fournissent sur le monde extérieur nos sens, mais coordonnés et unifiés par notre mental. Nous avons généralement tendance à confondre le mental avec l'esprit. Il s'agit en fait de deux instances distinctes, sinon rivales et opposées, qui ne fonctionnent ni selon le même mode ni sur le même plan, au même niveau.

« Mental », je le rappelle, vient du latin *mens-mentis*, désignant la « faculté intellectuelle » et, plus précisément, l'« intelligence spéculative ». *Mens* est issu de la racine indo-européenne *men-* ou *man-* qui a donné en sanskrit *manas*, le « mental », considéré seulement comme un sixième sens qui interprète et met en ordre les données sensorielles. *Manas*, le « mental », fait des sensations des perceptions. Un rôle identique est dévolu à l'intellect, en latin *intellectus*, la « perception (par les sens) », puis la « faculté de comprendre » qui en résulte. Au sens premier, *intellectus*, qui se décompose en *inter-*, « entre », et *-legere*, « cueillir, rassembler », signifie « choisir entre (les données des sens) ». En définitive, notre pensée ne serait que la sélection d'une sélection et ses seuls critères seraient nos besoins, l'utilité immédiate de ces données. Comment pourrait-elle avoir le désintéressement, l'impartialité nécessaire, puisqu'elle est soumise à notre affectivité, à nos humeurs ? Pour la pensée orientale, *manas* est la pensée empirique, constitutive du moi et qui l'exprime. Autrement dit, par elle nous ne pouvons sortir de nous-mêmes.

Pouvons-nous au moins nous fier à nos sens puisque nous savons que leur champ d'investigation est étroitement délimité ? Chaque espèce, l'espèce humaine comme les autres, possède sa propre perception du monde qui l'entoure, son *Umwelt*, conformément à ses besoins, et qui dépend d'un outillage sensoriel indéfiniment diversifié, d'où il résulte que chaque espèce fabrique son *Umwelt*, lequel est différent de ceux de toutes les autres espèces. Le monde n'existe qu'en fonction de la conscience qui l'appréhende. Pour ce qui est de l'espèce humaine, l'éthologie comparative contemporaine[3] nous a appris que son équipement sensoriel est notablement inférieur à celui des autres mammifères. Cette relative infériorité sensorielle n'a cessé de s'aggraver avec l'évolution de l'humanité, en particulier lors du passage de la vie « sauvage » (de *salvaticus-silvaticus*, « qui vit dans la forêt ») à la vie civilisée (de *civis*, le « citoyen », et *civitas*, la « cité »). Nos sens ont encore perdu de leur acuité du fait de l'urbanisation moderne croissante.

Nous sommes censés compenser cette relative faiblesse grâce au fonctionnement de notre mental ou intellect, ce qui nous éloigne encore davantage du réel ; nous vivons de moins en moins en lui (la nature) et de plus en plus dans le monde virtuel que nous nous sommes construit. Quoi qu'il en soit, la faible portée de nos sens limite notre champ de connaissance. Nous sommes, par exemple, incapables de percevoir directement les ultrasons, les couleurs qui dépassent l'infrarouge et l'ultraviolet, la bioluminescence qui émane de tout être vivant et, plus généralement, le microcosme comme le macrocosme que nous révèle cependant une instrumentation de plus en plus perfectionnée, agissant comme un ensemble de supersens.

Le mot « sens » est d'ailleurs trompeur, du fait de son ambiguïté, puisqu'il désigne aussi le côté d'un objet, relativement à sa position dans l'espace. Le sens, c'est encore la signification d'un mot. Enfin, on parle couramment de « bon sens », de « sens commun », que Descartes identifie à la raison et Comte à la « raison commune » et même à la « sagesse universelle ». Mais ce prétendu « bon » sens n'est-il pas qu'une sorte de montage, pour certains rassurant, stabilisant, des préjugés communs que l'on se dispense d'examiner et surtout d'analyser ? C'est l'ensemble de ces conditionnements qui constitue la condition humaine.

D'une tout autre nature est l'esprit, inconditionné – en latin *spiritus*, en grec *pneuma*, ou *noûs*, qui désigne aussi la « sagesse ». En sanskrit, l'esprit est désigné par le mot *citta* (*chitta*), dont la signification exacte est le « cœur-esprit » (en chinois, *sin*, en japonais, *shin*, qui s'écrivent avec l'idéogramme du cœur). Pour la pensée orientale, l'esprit procède du cœur et le mental du cerveau. *Manas* s'en trouve discrédité : on ne peut lui faire confiance et il est souvent comparé à un singe courant de branche en branche sans jamais s'arrêter, perpétuellement insatisfait.

Le mental se referme sur lui-même, l'esprit s'ouvre et accueille. Si nous ne voulons vivre en milieu clos, il nous faut nous rallier à l'esprit, nous identifier à lui. Dans sa *Monadologie* (82 et suiv.), Leibniz écrit : « Les Esprits sont des images de la Divinité, ou de l'Auteur même de la nature ; c'est ce qui fait que les Esprits sont capables d'entrer dans une manière de société avec Dieu... »

En fin de compte, on est en droit de se demander si la pensée occidentale possède les instruments d'enquête, les notions, les moyens d'approche adéquats pour traiter avec compétence de ces problèmes en leur complexité.

En revanche, l'étude des conditionnements, à laquelle nous avons déjà dû emprunter quelques concepts-clés, a été poussée beaucoup plus loin, de manière extrêmement précise et autrement subtile, ceci dès ses commencements, lors de l'élaboration de l'*Abhidharma*, la troisième et dernière « corbeille » du Canon bouddhique. L'*Abhidharma* est un vaste commentaire, très complexe, de la philosophie et de la psychologie qui résultent de l'enseignement du Bouddha lui-même, dont il montre toutes les répercussions, tous les prolongements possibles. Il fut compilé entre le IIIe avant et le IIIe siècle après J.-C., et définitivement codifié entre 400 et 450 après J.-C. Le mot est composé d'*abhi-*, « ce qui est au-dessus », et *–dharma*, les « phénomènes ». On a pu qualifier l'*Abhidharma* de « phénoménologie bouddhique » ; en effet, sa démarche est empirique : elle part des phénomènes eux-mêmes et non de principes préétablis[4].

Au cours des siècles suivants, cet enseignement fondamental fut discuté, étudié et amplifié sur les plans philosophique et psychologique qui, dans le bouddhisme, ne font qu'un, en particulier par les travaux de l'école *Cittamâtra*, de l'« Esprit seul », ou Vijñânavâda, de l'« enseignement sur la conscience », appelée aussi Yogâchâra, en raison du fait qu'elle procède de l'exercice du yoga, désignant ici la méditation. Cette étude de la conscience, pour nous d'une étonnante modernité, fut initiée par les deux fondateurs de l'école, Asanga et son frère cadet, ou demi-frère, Vasubandhu, qui furent tous deux abbés de la célèbre université monastique de Nalanda, dans le nord de l'Inde, et les auteurs, le premier de l'*Abhidharmasamuccaya*, le second de l'*Abhidharmakosha*, le « Trésor de l'*Abhidharma* ». L'un de leurs apports essentiels fut l'élaboration d'une étude de la conscience au sens le plus large, puisque incluant ce que nous appelons l'inconscient, de sa nature et de ses conditionnements, c'est-à-dire de facteurs faisant obstacle à son libre fonctionnement[5].

Les principaux de ces obstacles sont désignés sous le nom sanskrit de *samskâra*, littéralement les

« impressions », les « répercussions », que l'on peut traduire par « formations ou fabrications psychiques »[6]. Ce sont les énergies constructives inconscientes, engendrées par le mental (*manas*), considéré comme le sixième sens, coordinateur des données fournies par les cinq autres, dans sa tentative pour introduire en elles un certain ordre qui les rende utilisables par lui. Mais, en fait, les *samskâra*, projections du mental sur la réalité, forment un écran plus ou moins opaque entre elles et notre conscience, la grille ou le voile à travers lesquels nous ne percevons le réel que déformé. On peut aussi considérer les *samskâra* comme des parasites qui troublent les messages venus du dehors.

Perturbateurs, les *samskâra* sont des *klesha*, des « impuretés ». *Klesha* peut aussi se traduire par « passions » ; en effet, le mot vient de la racine *klish*, « faire souffrir, pâtir », comme « passion » vient du verbe latin *pati*, « souffrir, pâtir ». La passion, au sens premier, est donc ce qui fait souffrir.

La psychologie bouddhique qui étudie attentivement les causes des troubles psychiques énumère six passions principales ou « passions-racines » (*sad mûlaklesha*), engendrant elles-mêmes les vingt passions secondaires (*upaklesha*) au nombre desquelles on peut relever : la colère, la rancune, l'envie, la malveillance, la jalousie, l'hypocrisie, l'infatuation, le manque de considération pour l'autre et l'oubli. On ne peut nier en effet que les passions brouillent notre perception du réel. Elles faussent aussi nos actions et réactions.

Si ces passions sont relativement faciles à détecter, sinon à combattre, il en va tout autrement des *vâsanâ*, littéralement les « impressions », que l'on traduit plus précisément par « rémanences », mot qui, dans le langage scientifique, désigne la « persistance partielle d'un phénomène après la disparition de sa cause, comme l'aimantation après disparition de l'influence magnétique ». On a pu comparer les *vâsanâ* au parfum laissé dans une pièce par une femme qui vient de la quitter, ou aux imprégnations subtiles qui se déposent dans un lieu et peuvent y persister longtemps.

Les *vâsanâ* subsistent au fond de notre intimité et sont généralement inconscientes, mais peuvent refaire surface à l'occasion. Ce sont, par exemple, les ambitions inavouables, les déceptions, les ressentiments, les envies qui, le plus souvent à notre insu, colorent nos réactions. Elles se sont déposées au fond de notre cœur lors de notre vie actuelle, mais elles peuvent aussi provenir de vies antérieures. À ce titre, elles constituent une part non négligeable du *karma* et transmigrent avec lui.

Qu'il s'agisse de *samskâra*, de *vâsana* ou de passions, tous font obstruction au fonctionnement normal et sain de la conscience. Seule une conscience dûment purifiée, débarrassée de ses scories, peut être lucide. C'est ce travail qu'est censée accomplir en permanence la méditation quotidienne.

10

L'artiste sert-il à quelque chose ?

« Le génie, c'est l'enfance retrouvée à volonté. »

Baudelaire

L'artiste est à la fois le plus heureux des hommes, mais, souvent, le plus infortuné. Beaucoup d'entre eux, qu'ils aient été peintres, musiciens ou poètes, ont vécu dans la misère, ignorés ou réprouvés de leurs contemporains, qui les accusaient d'être oisifs et inutiles. Ils les gênaient. Ne soupçonnaient-ils pas au fond d'eux-mêmes que la vie de l'artiste mettait en cause la validité de leur propre vie ?

La société elle-même a toujours tendu à les rejeter comme des corps étrangers, quitte à les glorifier après leur mort. Ainsi Van Gogh, le « suicidé de la société », comme l'appelait Antonin Artaud, dans son livre qui porte ce titre, où il souligne que Van Gogh fut le seul « qui ait absolument dépassé la peinture, l'acte inerte de représenter la nature, pour, de cette représentation exclusive de la nature, faire jaillir une force tournante, un élément arraché en plein cœur ».

Dans le cimetière de Berne, sur la tombe de Paul Klee (1879-1940) est gravée cette épitaphe, tirée de son journal :

« *En ce monde, nul ne peut me saisir*
car je réside aussi bien chez les morts
que chez ceux qui ne sont pas nés
un peu plus près du cœur de la création
qu'il n'est d'usage,
et pourtant encore bien trop éloigné[1] ».

On ne peut mieux exprimer l'ambiguïté de la position de l'artiste, de sa personnalité, telles que lui-même les éprouve. L'art se situe entre deux mondes, celui des vivants et celui des morts, le visible et l'invisible, « près du cœur de la création ». Paul Klee avait aussi écrit : « L'artiste imite le jeu des forces qui ont créé et créent le monde. » Dans la conférence « De l'art moderne » qu'il prononça à Iéna en 1924, à l'occasion d'une exposition de ses œuvres[2], Klee avait exposé que « l'artiste [moderne] ne déforme pas à dessein son expérience de la nature et de la vie mais, tel le tronc de l'arbre, la transforme naturellement », car « nul ne s'attend à ce qu'un arbre forme ses branches supérieures de la même façon que ses racines », ce que fait l'artiste, « le tronc de l'arbre est de recueillir ce qui vient des profondeurs et de le transmettre. Il n'exécute ni ne commande, mais agit en intercesseur. Sa position est modeste.

Il n'est pas lui-même la beauté des branches, elle ne fait que passer par lui[3] ».

Comme les racines aspirent au fond du sol l'eau chargée de sels minéraux, à partir de laquelle l'arbre élabore sa sève et grâce à laquelle il forme ses branches, ses feuilles, ses fleurs et ses fruits, l'artiste fait émerger l'invisible au sein du visible, il inspire l'air rempli de potentialités provenant du cosmos, et son œuvre est expiration, « ce qu'il faut expirer sous peine d'étouffer », disait Jean Cocteau.

N'est-il pas singulier que le mot « inspiration » ait d'abord désigné le « souffle créateur qui anime les artistes », considéré comme un « don des dieux », avant de désigner l'acte physiologique ? Cette inspiration, Socrate l'attribuait à son *daimôn*, son « démon », ou son ange gardien, qui lui soufflait ce qu'il avait à dire ou à faire. Le mot *daimôn* n'avait pas encore ce sens en grec, mais il désignait la divinité, la puissance divine en général. En latin, *daimôn* fut traduit par *genius*. Mais plus tard, avec le christianisme, ce faux dieu ne pouvait être que Satan, le « Malin », le trompeur.

Cette inspiration ne peut survenir que si l'être, s'intériorisant, fait au préalable le vide qu'elle pourra remplir, démarche évidemment comparable à celle de tout méditant[4]. L'œuvre est, ou du moins devrait être, l'aboutissement de cette intériorisation, déclenchant l'élan irrésistible qui oblige l'artiste à passer à l'acte, à manifester ce qu'alors il a reçu.

L'artiste se trouve situé au sein de l'être, c'est

à partir de l'être créateur et à son exemple qu'il crée lui-même. De ce fait, il parvient à se distancier des inévitables difficultés de son existence, mais en se dédoublant. Pour lui, comme pour Rimbaud, « Je est un autre ». Coexistent en lui à la fois un homme comme les autres et le créateur d'un nouvel univers, son œuvre, qui engendrera peut-être son immortalité. Jean Cocteau disait souvent : « J'ai hâte de me retirer pour que mon œuvre prenne ma place. » Et ce n'était pas chez lui de vaines paroles, je puis l'attester[5].

Ambigu socialement, l'artiste l'est aussi sexuellement. Il est androgyne, au moins psychologiquement, dans son rapport à l'œuvre. Il la conçoit et il l'enfante, souvent après une longue maturation. La naissance de l'œuvre est un accouchement, une délivrance. De ce fait, la conduite de l'artiste est plutôt maternelle que paternelle. Sa sexualité s'en ressent, elle est souvent sublimée. La création de l'œuvre est acte d'amour et l'œuvre la véritable postérité de l'artiste. En psychanalyse, on dirait qu'il y a refoulement et sublimation. À ce sujet, Freud écrit : « La pulsion sexuelle met à la disposition du travail culturel des quantités de force énormément grandes et ceci par suite de cette particularité, spécialement marquée chez elle, de pouvoir déplacer son but sans perdre, pour l'essentiel, de son intensité. On nomme cette capacité d'échanger le but sexuel originaire contre un autre but, qui n'est plus sexuel, mais qui est psychiquement apparenté, capacité de sublimation. »

Ainsi Michel-Ange, d'un tempérament naturellement ardent, fut-il constamment en lutte contre ses pulsions pour lesquelles il éprouvait honte, dégoût et culpabilité, quand il lui arrivait d'y céder. D'elles, il ne venait à bout que par un travail acharné, en taillant le marbre jusqu'à l'épuisement, souvent pendant des heures, parfois jour et nuit.

Quelles que soient les définitions que l'on ait pu donner de l'art, toutes créditent plus ou moins l'artiste d'une sorte de mission, spirituelle ou mystique, sinon religieuse, et même d'une forme d'apostolat indirect. G. F. Haendel disait : « Je serais bien fâché si je ne fais que plaisir à l'humanité. Je prétends la rendre meilleure. » N'est-ce pas l'ambition inavouée de tout artiste : meilleure et plus lucide, plus consciente ?

On entre en art comme on entre en religion, en acceptant d'avance les contraintes, les sacrifices, le désintéressement que cela exige. L'artiste introduit en quelque sorte l'esprit dans la matière, il la spiritualise. Dans ces conditions, parler d'art « sacré » serait un pléonasme, et n'a de sens que dans la mesure où l'art contemporain s'est volontairement désacralisé. Dès son origine, l'art fut sacré. Les artistes préhistoriques étaient, on le reconnaît aujourd'hui, des chamanes, médiateurs entre le visible et l'invisible, œuvrant pour les initiés qui avaient seuls accès aux salles cachées dans les profondeurs de la terre où avaient lieu leurs cérémonies et leurs initiations. Ce qu'ils ont gravé et peint sur les parois étaient leurs visions extatiques, projetées sur la roche, dont la représentation était conditionnée par des saillies et les creux de celles-ci, ainsi que l'on peut aisément le vérifier en visitant les grottes ornées. Ces chamanes introduisaient ainsi un certain ordre, une certaine harmonie dans ce qui, pour les non-initiés, n'était qu'un chaos confus. A. Malraux a justement remarqué : « Il semble que tout art commence par la lutte contre le chaos, par l'abstrait ou le divin. »

Semblable mission fait – ou plutôt faisait – de l'artiste un être à part, quelque peu inquiétant, ambigu, et l'on pourrait même dire amphibie, puisqu'il vit à la fois dans deux mondes. Ambiguë est sa place dans la société, tout aussi ambiguë est sa personnalité. Cette ambiguïté, l'artiste, plus ou moins consciemment, la cultive et l'utilise. Toute vocation artistique est retour volontaire à l'enfance, à sa relative indétermination, à l'émerveillement de ses premières découvertes, de ses premiers émois. C'est là ce que résume Baudelaire en sa mémorable formule : « Le génie, c'est l'enfance retrouvée à volonté. »

Cette enfance est d'ailleurs idéalisée, remodelée. Ce n'est plus celle que nous avons vécue, mais celle dont nous nous souvenons, dont nous croyons nous souvenir et dont nous avons gardé la nostalgie. C'est une enfance reconstituée, devenue archétypale, presque mystique. Elle caractérise la clarté du regard, son éblouissement, la fraîcheur des impressions premières qui devaient définitivement marquer l'être. C'est cet état de grâce que veut revivre l'artiste et qu'il nous invite à retrouver en nous.

Une telle attitude comporte des inconvénients, et même des dangers, ceux d'une non-maturation, qui explique peut-être la mort prématurée de certains, qui, en tout cas, fait de l'artiste un être quelque peu démuni devant sa vie d'adulte, son insertion sociale.

De tous les arts, le plus mystérieux, le plus paradoxal est assurément la musique. On ne la voit pas, on l'entend, et seulement si elle est chantée ou jouée sur des instruments, expression qui laisse supposer qu'elle est jeu. Pour s'exprimer, la musique, une fois composée, a besoin d'intermédiaires, d'interprètes chargés de la traduire au mieux.

Pendant très longtemps, la transmission, l'éducation de la musique fut orale, imitative, l'élève reproduisant comme il le pouvait ce que son maître avait joué devant lui, lequel ensuite corrigeait son exécution. La notation écrite, en tant qu'aide-mémoire, n'intervint que très tard, avec le chant liturgique. Les partitions proprement dites n'apparaissant qu'au XVIIe siècle, encore n'étaient-elles, et ne sont-elles encore, jamais si précises qu'elles ne laissent place à une interprétation, une traduction personnelles ; la musique n'est jamais aussi parfaite que lorsque l'interprète, à force d'études et d'exercices, parvient à s'identifier avec le compositeur, à retrouver son inspiration.

Pendant des siècles, les artistes demeurèrent anonymes. Ce n'étaient que des artisans qui travaillaient pour la gloire de Dieu, l'œuvre d'art étant une offrande. En règle générale, c'est seulement à partir de la Renaissance que nous connaissons les noms et les vies de nombreux artistes. L'exemple vint d'Italie. Au milieu du XVIe siècle parut la célèbre *Vies des plus excellents peintres, sculpteurs et architectes de Cimabue à nos jours* de Giorgio Vasari (1511-1574), qui avait, très jeune, étudié auprès de Michel-Ange et d'Andrea del Sarto et était ensuite devenu un peintre et un architecte estimé. Ces *Vies* furent publiées en 1550, puis dans une édition complétée en 1568. Elles connurent aussitôt un très grand succès. Résultat d'une longue, minutieuse, soigneuse enquête faite dans toute la péninsule, cette œuvre inaugurait l'historiographie artistique. Vasari était le premier à employer le mot de « renaissance » pour qualifier la période qui débuta lorsque les artistes italiens commencèrent à s'affranchir des conventions de l'art antique depuis longtemps décadent, pour inventer une nouvelle esthétique, le premier de ces artistes étant pour Vasari Cimabue (vers 1240-1302).

La Renaissance est née du mécénat, actif en Italie dès le Trecento (XIVe siècle), mais qui atteignit son apogée au siècle suivant, le Quattrocento (XVe siècle), principalement à Florence. Le terme « mécène » vient du Romain Caius Cilnius Maecenas (vers 70-80 av. J.-C.), contemporain et ami d'Auguste, esthète d'un goût très sûr qui réunit autour de lui Virgile, Horace, Varius, Properce, qu'il soutint matériellement et parfois inspira, en particulier Virgile dans la conception de l'*Énéide*. Mécène devint ensuite un modèle en particulier pour les princes italiens de la Renaissance. Les plus éminents d'entre eux furent les Médicis à Florence, d'abord Cosimo dit l'Ancien (1389-1464), qui fit de la cité le centre de la Renaissance, en patronnant Michelozzo, Donatello, Lippi et Gozzoli et en attirant des humanistes comme Marsile Ficin. Son fils et successeur, Laurent le Magnifique (1449-1492), fit mieux encore. Humanistes et artistes furent ses commensaux habituels. Lui-même, il sut, avec un goût très sûr, détecter et même découvrir les talents, y compris parmi les plus jeunes : ainsi Michel-Ange, qu'il hébergea au palais Médicis, alors qu'il n'avait que quinze ans. L'adolescent en profita pour se cultiver en écoutant les conversations savantes des humanistes. Toutes les cours italiennes, à Milan, à Ferrare, à Mantoue, suivirent l'exemple de Florence. Elles attirèrent humanistes et artistes, non seulement pour accroître leur prestige, mais aussi en raison des goûts personnels de leurs gouvernants pour la culture.

La France n'entra qu'avec retard dans le mouvement de la Renaissance, grâce au prince fastueux, ami sincère des lettres et des arts, François Ier, qui au cours de son long règne réunit tous les éléments d'une Renaissance française, fondant, par exemple, le Collège de France en 1530, foyer du nouvel humanisme et attirant à sa cour les artistes italiens Benvenuto Cellini (1500-1571), auteur d'une des premières autobiographies d'artiste, *Vita* (1558-1560), le Primatice (1504-1570), nommé commissaire général des Bâtiments du Roi, enfin Léonard de Vinci (1452-1519), invité en 1515 par François Ier qui l'installa au château de Cloux, près d'Amboise, où mourut Léonard en 1519.

Avec les nombreuses données dont nous disposons, on peut retracer approximativement la carrière d'un peintre ou d'un musicien à l'époque classique. La création d'écoles d'art et de conservatoires de musique officiels, sanctionnant les études par des examens et des diplômes, n'est pas antérieure en France à l'époque révolutionnaire. Auparavant, l'apprentissage des peintres et des sculpteurs s'effectuait dans l'atelier d'un maître. On y entrait très jeune, à l'adolescence, parfois avant : Léonard de Vinci fit ses débuts dans l'atelier de Verrocchio à dix-sept ans, mais Michel-Ange dans celui de Ghirlandaio à treize ans, et le Tintoret dans celui du Titien à quinze ans. Dans l'atelier, les jeunes apprentis étaient chargés des tâches domestiques, ils nettoyaient l'outillage et broyaient les couleurs pendant longtemps avant d'être autorisés à manier le pinceau ou le ciseau. Après leur formation, il leur fallait pour vivre obtenir des commandes ou, mieux, trouver un riche protecteur. Mais, lorsqu'ils avaient réussi, leur statut restait des plus modestes. Même recherchés et célèbres, peintres et sculpteurs demeuraient des artisans, parfois faméliques, recevant pour leurs œuvres des salaires d'ouvrier. Au Quattrocento encore, méprisés par la bourgeoisie, les artistes n'étaient pas désignés par leur nom mais par leur prénom, auquel on ajoutait celui de leur père ou de leur ville natale : ainsi le Caravage de la petite ville de Caravaggio, ou le Pérugin de Pérouse (Perugia), et plus souvent un sobriquet : le Tintoret, le Sodoma. Peintres et sculpteurs faisaient ghilde commune avec les épiciers et les apothicaires.

Quant aux musiciens, généralement nés dans une famille de musiciens, formant parfois de véritables dynasties, comme les Bach ou les Couperin, ils y recevaient leur première formation, puis, souvent, entraient comme petits chanteurs dans une chorale, celle d'une cathédrale ou d'une chapelle princière. Ainsi Henry Purcell (1659-1695) fit ses débuts comme choriste à la chapelle royale, qu'il dut quitter lors de la mue, pour, quelques années plus tard, devenir compositeur ordinaire pour les violons de la chapelle, puis organiste de Westminster Abbey.

Issu d'une longue lignée de musiciens, Johann Sebastian Bach (1685-1750) commença aussi sa carrière comme petit chanteur, avant de devenir violoniste et organiste. Joseph Haydn (1732-1809), né dans une modeste famille autrichienne, avait une si belle voix enfant que ses maîtres de chant projetaient de le faire castrer, si son père ne s'y était énergiquement opposé. Franz Schubert

(1797-1828) débuta lui aussi comme petit chanteur à la cour impériale de Vienne en 1808.

Une fois achevée leur formation, il fallait aux artistes trouver un emploi ou des ressources au moins provisoires. Les peintres recherchaient des commandes auprès des paroisses et des monastères. Les musiciens pouvaient, eux, espérer se faire embaucher comme instrumentistes puis comme maîtres de chapelle dans une église ou chez un grand. Mais ils changeaient souvent de poste en fonction des offres qu'on leur faisait. Ainsi, la position de J.-S. Bach ne se stabilisa que lorsqu'il fut nommé cantor (maître de chapelle) de la Thomas-Schule de Leipzig en 1723. Il avait alors trente-huit ans, venait d'épouser sa seconde femme et avait à nourrir une nombreuse famille. Sa nouvelle charge était loin d'être une sinécure. Le cantor devait fournir et diriger la musique liturgique pour les offices de tous les dimanches et les fêtes religieuses de l'année. Bach composa ainsi cent quatre-vingt-seize cantates et cent quatre-vingt-six chorals, sans compter les Passions, les oratorios, les motets et de nombreuses pièces d'orgue. Il avait aussi à donner des leçons au-dehors, mais aussi chez lui, à ses six fils, qui furent à leur tour d'excellents musiciens, très recherchés. J.-S. Bach mourut cantor à Leipzig, à soixante-cinq ans, en 1750[6].

Plus facile fut la carrière de Joseph Haydn. En 1761, à vingt-neuf ans, il eut la chance d'entrer au service du prince Paul Anton Esterhazy, à Einstadt, dans le Burgenland. Il s'occupa bientôt de toute la vie musicale très active de cette cour. Après la mort de Paul Anton, sous son frère, le prince Nicolas dit « le Magnifique », le sort d'Haydn s'améliora. Le nouveau prince était lui-même musicien et l'orchestre que dirigeait Haydn, pour qui Nicolas avait une grande estime, prit toute son ampleur. Lorsqu'en 1790 le prince Nicolas mourut, Haydn vécut à Vienne avec une pension, mais fut bientôt invité à Londres, où il connut le succès et une intense activité créatrice. Il s'éteignit paisiblement en 1809, à l'âge de soixante-dix-sept ans, dans sa maison de Vienne, devant laquelle Napoléon avait fait placer une garde d'honneur[7].

Aux XVIIe et XVIIIe siècles, les compositeurs étaient si nombreux en Italie que beaucoup d'entre eux durent s'expatrier, mais leur renommée était telle qu'ils étaient partout fort bien accueillis, à Paris, à Londres, et surtout à Vienne où résidait la cour impériale, ainsi que dans les nombreuses cours princières d'Allemagne. Paris reçut, entre autres, Jean-Baptiste Lully (1632-1687), jeune guitariste florentin, remarqué par le duc de Guise, devenu à douze ans « garçon de chambre » de la Grande Mademoiselle, puis, à vingt et un ans, compositeur du roi, enfin surintendant de la musique, chargé des fêtes et divertissements de Louis XIV, jusqu'à sa mort. À Vienne s'installèrent, par exemple, Antonio Caldara (1670-1736) et, plus tard, Antonio Salieri (1750-1825), préféré à Mozart par l'empereur Joseph II. Salieri, comme Caldara, mourut à Vienne. À Londres s'établit

Geminiani (1687-1762), et Haendel se fit son accompagnateur. Geminiani habita à Londres, tout en se rendant souvent à Dublin, où il mourut.

Tout à fait exemplaire de ce temps fut la carrière internationale de Georg Friedrich Haendel (1685-1759). Né à Halle, en Allemagne du Nord, Haendel séjourna de 1706 à 1710, entre vingt et un et vingt-cinq ans, à Venise, à Naples et surtout à Rome, s'italianisant auprès des compositeurs de renom. De retour en Allemagne, il y fut nommé maître de chapelle de l'électeur de Hanovre, George Louis, qui fut couronné roi de Grande-Bretagne et d'Irlande, sous le nom de George Ier en 1714. S'étant rendu en Angleterre, Haendel y connut très vite un succès triomphal et bénéficia d'une pension de deux cents livres, octroyée par la reine Anne et portée à six cents livres par George Ier, à charge d'enseigner la musique à ses trois filles. Toutefois ses gains les plus importants, bien qu'aléatoires, provenaient des représentations de ses opéras italianisants. Naturalisé anglais, Haendel vécut toujours dans une relative opulence. Néanmoins, il ne se maria jamais, mais fit venir d'Allemagne, afin de lui tenir compagnie dans sa nouvelle patrie, son ancien condisciple et ami, Johann-Christopher Schmidt, et son fils, alors âgé de sept ans. Le père devint à Londres éditeur de musique, principalement des œuvres de Haendel ; le fils, naturalisé anglais, sous le nom de John-Christopher Smith, fut l'élève de son protecteur. Compositeur de talent, il parcourut l'Europe, avant d'être rappelé à Londres par Haendel qui en fit son assistant, puis son héritier et exécuteur testamentaire[8].

Quant à Michel-Ange, bien qu'admiré de son temps, il ne put accomplir son œuvre qu'au prix des pires contrariétés. Attiré à Rome par Jules II (1503-1513), qui lui confia l'exécution de son tombeau qu'il voulait magnifique, il s'y établit. On a maintes fois évoqué les rapports orageux entre ces deux géants indispensables l'un à l'autre. Mais, tandis que Michel-Ange travaillait à son tombeau, le pape lui commanda en 1508 de peindre la voûte de la chapelle Sixtine. Michel-Ange se récria : il n'était pas peintre, mais sculpteur. Jules II resta inébranlable, et il fallut s'exécuter. Le plafond de la Sixtine fut achevé en cinq ans. Mais en 1613 fut élu pape Jean de Médicis, le second fils de Laurent le Magnifique. Léon X (1513-1521) qui, fait cardinal à treize ans, ne pouvait avoir oublié qu'il avait mangé à la table paternelle à côté du petit Buonarroti, du même âge que lui, voulut faire du sculpteur un architecte et le chargea d'édifier la façade de San Lorenzo, l'église des Médicis à Florence, puis lui ordonna de laisser la façade pour construire la chapelle funéraire des Médicis. En 1523 fut élu pape un nouveau Médicis, Clément VII (1523-1534). Il enjoignit Michel-Ange de terminer la chapelle de San Lorenzo. Après quoi, ce dernier comptait terminer enfin le gigantesque tombeau de Jules II. Mais le successeur de Clément VII, Paul III (1534-1549), qui était un Farnèse, le lui interdit. Il le nomma architecte en chef chargé de la construction de la nouvelle basilique Saint-Pierre, mais il exigea qu'il peigne d'abord le mur du fond de la Sixtine. Michel-Ange décida d'y faire figurer rien de moins qu'un immense Jugement dernier, qu'il réalisa entre 1536 et 1541. Il avait alors soixante-six ans. L'incroyable est que, continuellement perturbé par les caprices des papes successifs, il ait pu mener à bien tant de chefs-d'œuvre jusqu'à sa mort, à quatre-vingt-neuf ans[9].

Beaucoup plus drastiques, beaucoup plus brèves aussi furent les vies d'artistes, parmi les plus grands, qui moururent prématurément. Ainsi Wolfgang Amadeus Mozart (1756-1791) fut un enfant prodige adulé, mais se trouva sans ressources à vingt ans et il lui fallut entrer au service du prince-archevêque de Salzbourg, Colloredo, un tyran qu'il dut quitter, payant cher l'indépendance obtenue. Il alla ensuite de triomphes en échecs, perpétuellement endetté, et mourut à moins de trente-six ans[10]. Sa mort demeure encore aujourd'hui un mystère.

Frédéric Chopin (1810-1849) fut lui aussi un enfant prodige, en qui on voyait alors un « nouveau Mozart ». Mais sa santé fut très tôt compromise par la tuberculose. À Paris, il rencontra une femme déguisée en homme, George Sand, qui le poursuivit de ses assiduités et il se laissa faire. Commença alors une pitoyable épopée, qui dura neuf ans et le laissa délabré. Chopin ne survécut que quelques années, écrivant : « Je ne peux plus ni m'attrister ni me réjouir. J'ai perdu complètement la faculté de sentir. Je végète seulement et j'attends que cela finisse au plus vite. » Vieilli, épuisé, il ne pouvait même plus s'habiller seul et mourut sans avoir atteint quarante ans[11].

Chopin fut loin d'être le seul créateur à mourir avant d'avoir passé le seuil de la maturité, comme si celle-ci avait fait peur à ces génies, comme s'ils l'avaient refusée. Par exemple Pascal, dont Racine a écrit : « Monsieur Pascal est mort de vieillesse à l'âge de trente-neuf ans. » De Leopardi, mort à trente-huit ans, l'un de ses proches pouvait écrire à la fin de sa vie : « Il est en vérité plus mort qu'un vrai mort. »

Beaucoup plus étrange fut la destinée du génial poète du romantisme allemand, Friedrich Hölderlin (1770-1843). À dix-huit ans, au séminaire de Tübingen, son extrême beauté et la noblesse de son port le faisaient comparer à Apollon par ses condisciples, dont Hegel et Schelling. Hölderlin était d'ailleurs hanté par la Grèce antique, dont il exprime l'incurable nostalgie dans son roman *Hyperion ou l'ermite en Grèce*, composé en 1793, puis repris et complété en 1799, et sa raison était déjà ébranlée.

Ayant renoncé à devenir pasteur, Hölderlin obtint différentes places de précepteur, situation précaire et mal payée. À vingt-six ans, à Francfort, il trouva l'amour de sa vie en la personne de la mère de son élève, Suzanne Gontard, à qui il donna dans son œuvre le nom de Diotime, la prêtresse de Mantinée à qui Platon dans le *Banquet* attribue les thèmes développés par Socrate sur l'amour et le beau. Pour elle, Hölderlin conçut une sorte d'amour mystique, il avait le sentiment de l'avoir, à travers les siècles, retrouvée. Mais deux ans plus tard, il dut quitter Francfort, sa tâche achevée.

En 1802, au cours d'un long voyage à pied qui, de Bordeaux, où il avait été précepteur, devait le ramener en Allemagne, commencèrent à devenir manifestes les signes de la folie. En 1906, Hölderlin dut être interné dans une clinique à Tübingen, puis confié au menuisier Zimmer qui l'hébergea dans une vieille tour dominant le Neckar. Hölderlin y vécut pendant trente-sept ans, la seconde moitié de sa vie. Ne sachant plus qui il était, il s'appelait lui-même Scardanelli. Un témoin, W. Waiblinger, écrit en 1830 : « On ouvre la porte et, au milieu de la pièce, c'est un personnage amaigri qui nous reçoit, avec de profondes révérences et qui ne s'arrête pas de vous faire des compliments et des formules de politesse avec un maintien et des manières qui seraient pleins de grâce, si l'on n'y sentait pas quelque chose de morbide. » Si cette vue était pénible pour ceux qui avaient naguère connu le poète, lui-même ne semblait pas malheureux, puisque finalement il s'était oublié lui-même[12].

Nietzsche, devenu fou, fut-il plus malheureux ? On peut en douter. On a pu comparer leur état, ce qu'a fait en particulier le docteur E.F. Podach, dans son livre *L'Effondrement de Nietzsche*[13]. À la suite de sa crise de démence du 3 janvier 1889 à Turin, Nietzsche se prit pour une double divinité : Dionysos et le Crucifié. Rempli du sentiment d'être le Crucifié, Nietzsche veut unir et gouverner l'Europe. Les princes de l'Europe, le pape également, doivent se réunir à Rome, le 8 janvier. « Je vais mardi à Rome », lit-on dans les épîtres qu'il écrit en caractères pleins d'assurance et d'emphase, sur de grandes feuilles à la cuve[14].

En janvier 1889, Nietzsche fut interné à Iéna, puis, son état s'étant amélioré, il vécut chez sa mère, à Naumburg pendant sept ans. À la mort de sa mère en 1897, il habita avec sa sœur à Weimar, dans une maison que celle-ci avait aménagée en une sorte de sanctuaire autour d'un être de plus en plus apathique. Sa sœur accapara son œuvre, et l'on sait ce qu'elle en fit. C'est à Weimar que mourut Nietzsche, sans avoir retrouvé sa lucidité, le 25 août 1900, à l'âge de cinquante-six ans. E.F. Podach note : « Le lien du sang entre ces trois êtres était extraordinairement puissant, il constituait un fondement essentiel sans lequel l'existence physique et spirituelle de Nietzsche n'aurait pas été possible, et ne pourrait être comprise[15]. »

Si Arthur Rimbaud (1854-1891) expira à l'hôpital à Marseille, le 10 novembre 1891, âgé de trente-sept ans, le poète, lui, était mort à dix-neuf ans. Sa vie brûlante n'avait duré que vingt-sept mois (mai 1871-août 1873), de sa venue à Paris à l'invitation de Verlaine et leurs amours mouvementées, jusqu'à ce qu'ils se terminent avec le coup de revolver à Bruxelles.

Après quoi, il ne restait plus à Rimbaud qu'à rentrer chez sa mère, à Roche, près de Vouziers. Il s'y enferma pour terminer *Une saison en enfer*. On y lit : « Ses mensonges », les « pouvoirs surnaturels » qu'il a cru acquérir grâce au « dérèglement des sens » pratiqué systématiquement, tous ne font pour lui qu'un avec ces amours qui lui semblent désormais « immondes et grotesques ». Le dernier texte de la *Saison* s'intitule « Adieu », c'est un adieu du poète à lui-même.

Qu'est-il maintenant ? Un jeune provincial de famille modeste et pauvre, sans diplôme, pas même le bachot, sans formation professionnelle, en somme à peu près incapable de gagner sa vie[16]. Il ne peut plus compter que sur sa mère. C'est elle qui finance l'impression de la *Saison*, c'est grâce à son argent qu'Arthur voyage hors de France en quête d'un emploi. Il en trouve finalement un, mais fort loin, en Afrique, au Harrar, où, dans des conditions fort pénibles, il gérera une factorerie, tout en se livrant au trafic d'armes. Sa seule préoccupation est de mettre le plus possible d'argent de côté. Ses économies, il les envoie à sa mère, afin qu'elle les fasse fructifier. Dans une lettre aux siens, il écrit : « Figurez-vous que je porte continuellement dans ma ceinture seize mille et quelque cents francs d'or ; ça pèse un huitième de kilo et ça me flanque la dysenterie[17]. » Mais au moins sa mère pourra-t-elle dire de lui, neuf ans après sa mort : « Mon pauvre

Arthur, qui ne m'a jamais rien demandé et qui par son intelligence, sa bonne conduite, avait amassé une fortune et amassé très honnêtement[18]. »

Vincent Van Gogh (1853-1890) fut, lui, jusqu'à son suicide, un inadapté, à la société, à sa propre vie et finalement à lui-même. De lui, son frère Théo (Théodore), son cadet de quatre ans, le seul être sans doute qui l'ait parfaitement compris, admiré, aimé et aidé, écrivait à l'une de leurs sœurs : « Il y a deux êtres en lui, l'un merveilleusement doué, fin et bon, l'autre égoïste et insensible. Il est certain qu'il est son propre ennemi, car ce n'est pas seulement la vie des autres qu'il empoisonne, mais la sienne. »

Jeune, Vincent n'avait aucune vocation, pas le moindre projet, mais sa famille était pauvre, il devait travailler. À seize ans, son oncle le fit entrer comme employé à la succursale de la galerie d'art Goupil à La Haye. Vincent découvrit le monde à Londres, puis à Paris. Ce fut la seule période heureuse, presque épanouie, de sa vie. Il fit même des projets, dont celui de se marier et d'avoir des enfants. À Londres, en 1873, il s'éprit d'une jeune fille, mais celle-ci lui rit au nez et lui apprit qu'elle était déjà fiancée. Quand il s'obstina et revint à Londres pour la retrouver, elle refusa de le recevoir. Vincent connut la même mésaventure huit ans plus tard. Il s'éprit de Kee, une jeune veuve, sa cousine, qui le rabroua et, quand il voulut la revoir, elle refusa elle aussi de le recevoir. À l'une comme à l'autre, il avait fait peur par la violence de ses sentiments, sa brutalité... Peu après son échec auprès de Kee, Vincent tomba dans les bras d'une lamentable prostituée qu'il tenta de réhabiliter, mais en vain. Il crut alors avoir trouvé sa vocation : il serait pasteur comme son père, puis il y renonça et, ému par la misère qu'il voyait autour de lui, il voulut devenir missionnaire, mais il fut renvoyé en raison de ses extravagances. Il traversa alors la crise à la suite de laquelle se produisit la grande mutation de sa vie : il perdit la foi et décida de se consacrer à la peinture. Il avait déjà vingt-sept ans.

Il s'y livra avec frénésie. Sa carrière, régulièrement soutenue par Théo, ne dura que dix ans. En 1889, Van Gogh quitta Paris pour Arles, dont le ciel lumineux l'éblouit. Il peignit alors ses toiles les plus célèbres dans un joyeux délire, une sorte d'extase cosmique : « Mes sentiments d'exaltation, écrit-il, donnent plutôt dans mes préoccupations d'éternité et de vie éternelle. » Il était capable de terminer une importante peinture dans un délai inconcevablement court, rarement plus d'un jour. À Théo, il écrivait : « Dans la peinture, je ne cherche que le moyen de me tirer de la vie. » Mais, l'année suivante, après sa brouille avec Gauguin, son état mental s'était dégradé au point qu'il demanda à être hospitalisé dans l'asile de Saint-Rémy. Pourtant, dès qu'il s'en sentait la force, il continuait à peindre.

Le 10 mai 1890, se sentant mieux, Van Gogh revint à Paris, passa quelques jours chez Théo, marié depuis un an et déjà père. Sur les conseils de Pissarro, Vincent décida de se rendre à Auvers-sur-Oise, auprès du docteur Gachet, grand ami des peintres, avec qui il s'entendit fort bien. Installé à Auvers, son état s'étant amélioré, il se remit à peindre. Le 6 juillet, il se rendit à Paris pour voir les siens, mais il trouva son frère très malade et ayant de graves ennuis d'argent. Il lui sembla qu'il ne pouvait plus rester à sa charge. Il revint à Auvers. Le 27 juillet, en pleine campagne, il se tira un coup de pistolet dans le flanc droit. Ce n'était pas sa première tentative de suicide, mais celle-ci réussit. Vincent Van Gogh mourut le 29 juillet, il avait trente-sept ans. Il laissait huit cents peintures et huit cents dessins. Six mois plus tard s'éteignait Théo, qui fut inhumé dans le cimetière d'Auvers, à côté de son frère[19].

Mort, lui, à cinquante et un ans, Balzac avait écrit : « Le problème de la vie n'est pas sa durée, mais la qualité, le varié, le nombre de ses sensations[20]. » Tel est le point de vue de l'artiste et, sur ce plan, ils furent tous comblés. On ne peut nier, en effet que, même souffrant de la solitude ou de l'incompréhension, les plus infortunés parmi les créateurs n'aient éprouvé les joies insurpassables, surhumaines que leur donna la genèse de leur œuvre. Nombre d'entre eux, de Haendel à Van Gogh, en ont témoigné et nul d'entre eux n'aurait souhaité une autre vie. Il faudrait d'ailleurs se garder de généraliser et moins encore établir une équivalence entre génie et folie. On pourrait citer bien des exemples d'artistes dont la vie fut longue et paisible. La sereine vieillesse de Goethe en est le modèle. Ces artistes possédaient, eux, la capacité de se rééquilibrer, par l'œuvre elle-même, qui les délivrait.

11

Est-il possible de ne penser à rien ?

Qu'est-ce que la méditation, sinon le moyen idéal, universellement employé, pour accéder au cœur de l'être. Si, à travers le temps et l'espace, elle a revêtu des formes multiples, son propos demeure toujours le même. Cependant, seuls les méditants peuvent comprendre ce qu'elle est, car la méditation n'est pas objet de connaissance, mais sujet d'expérience.

Pour tenter d'en saisir l'essence, et en montrer les différents aspects, je recourrai aux enseignements de certains grands méditants, qui ont tenté d'exprimer ce que fut leur expérience personnelle : Plotin qui, né à Alexandrie, enseigna à Rome, au IIIe siècle ; Maître Eckhart et son disciple Jean Tauler, aux XIIIe et XIVe siècles ; enfin un auteur presque contemporain, le médecin allemand Georg Groddeck (1866-1934). Le premier était un philosophe païen, le second un mystique chrétien et même dominicain, le troisième pourrait être qualifié d'« agnostique ».

Dans les *Ennéades*[1], qui sont ses instructions à

ses disciples, rassemblées par l'un d'entre eux, Plotin leur explique comment s'y prendre pour méditer : « Il faut cesser de regarder [au-dehors] ; il faut, fermant les yeux, échanger cette manière de voir pour une autre et réveiller cette faculté que tout le monde possède, mais dont bien peu font usage... Il faut que la conscience se retourne du dehors vers le dedans... Désormais, nous ne sommes plus celui que nous étions auparavant. L'homme que nous étions cesse d'agir et en quelque sorte d'être présent, parce que nous avons découvert en nous un autre dont nous ne savions pas encore que c'était nous [2]. »

« En fait, explique Plotin, il faut devenir soi-même l'Esprit, se faire soi-même vision [3]. » « En voyant les êtres, l'Esprit se voit lui-même ; son regard se réalise et il est lui-même cette réalisation, car le pensant et son acte de penser ne font qu'un. » Et, précise Plotin, « l'âme était en repos, laissant la place à l'action de l'Esprit [4] ». L'âme sait alors, en toute certitude, que le bonheur inimaginable qu'elle ressent provient de la présence de l'Esprit qui l'a envahie. Plotin dit : « ... remplie de joie [l'âme] ne se trompe pas, précisément parce qu'elle est emplie de joie et elle ne le dit pas à cause d'un plaisir qui lui chatouille le corps, mais parce qu'elle est devenue ce qu'elle était autrefois quand elle était heureuse [5]. »

Pierre Hadot commente ainsi ce passage : « L'expérience mystique apparaît ici comme un retour de l'âme à son origine, qui est, en fait, l'origine de toutes choses, c'est-à-dire le point où l'Esprit, porteur de toute la réalité, émane, comme un rayon, de ce centre qu'est le Bien. Chaque penseur mystique cherche à trouver dans son propre système un lieu que l'on pourrait appeler logique et systématique, pour y situer l'expérience mystique, qui, elle, est universelle et dépasse tous les systèmes[6]. »

Cet état préalable, originel, est la non-séparation d'avec l'Être. Le méditant recouvre ce qu'il croyait irrémédiablement perdu, le sentiment d'un état paradisiaque autrefois vécu, dont le hantait, malgré lui, la vague nostalgie. Thomas Merton, le grand mystique contemporain, moine trappiste, qui avait pratiqué la méditation zen, écrit : « L'intuition du zen n'est pas la conscience de nous-mêmes, comme si celle-ci était notre fait, mais c'est l'intuition par laquelle l'Être prend conscience de lui-même en nous[7]. »

Assez proche est l'attitude que prône Maître Eckhart, quand, parlant de la supériorité du détachement sur l'amour, il écrit : « Ce que l'amour a de meilleur, c'est de me contraindre à aimer Dieu, alors que le détachement contraint Dieu à m'aimer. Il est bien plus noble de contraindre Dieu à venir à moi que de me contraindre moi à aller à Dieu, car Dieu peut entrer en moi plus intimement et s'unir à moi plus parfaitement que je ne puis m'unir à lui... Nécessairement, Dieu se donne à un cœur détaché[8]... »

Si Maître Eckhart demeure discret au sujet de son expérience propre, qui n'en soutient pas moins tout son enseignement, son disciple Tauler est plus précis quand il dit : « Si nous voulons nous élever en dehors et au-dessus de nous-mêmes, nous devons renoncer à toute propriété dans le vouloir, le désir et l'agir. Il ne doit rester en nous qu'une simple et pure quête de Dieu, sans aucun désir de posséder quoi que ce soit en propre, ni en quelque manière que ce soit ; sans aucun désir d'être, de devenir ou d'obtenir quelque chose qui nous soit propre, mais avec la seule volonté d'être à lui, de lui offrir un lieu au plus élevé et au plus immédiat, pour qu'il puisse accomplir son œuvre et naître en nous, sans que nous y mettions obstacle... C'est pourquoi saint Augustin nous dit : "Vide-toi pour être rempli, sors pour pouvoir entrer" ; et ailleurs : "Ô, toi, âme noble, noble créature, pourquoi cherches-tu au-dehors de toi ce qui est en toi tout entier de la façon la plus vraie et la plus manifeste ? Puisque tu participes à la nature divine, que t'importent les créatures ? Qu'as-tu à faire avec elles ?" Si l'homme préparait ainsi le lieu, le fond, Dieu, n'en doutez pas, serait obligé de le remplir, et complètement ; sinon le ciel se romprait plutôt pour remplir le vide. Mais Dieu peut encore beaucoup moins laisser les choses vides, ce qui serait contraire à sa nature, à sa justice[9]. »

Georg Groddeck, ce médecin berlinois qui guérissait des cas désespérés en examinant l'état psychique de ses patients tout autant que leur condition organique, se présentait lui-même comme un « analyste sauvage », ainsi que le montre le texte, incongru dans l'œuvre d'un clinicien, où il décrit l'émerveillement et le bonheur de se sentir ne faisant plus qu'un avec la nature, qui, pour lui, est divine, est Dieu lui-même (*Gottnatur*), « non pas son esclave, non pas son outil, mais un avec elle, indissolublement fondu en elle, éternel comme elle. Rappelez-vous donc votre vie. Il y a là des instants où vous étiez tranquilles, tranquilles et clairs comme le bleu du ciel, des instants où vous étiez un avec la nature, des instants où tout, autour de vous et en vous, était en harmonie, des instants où, pour vous, la légende de l'harmonie des sphères était devenue vérité. Dans la vie de chaque être humain survient un tel instant de calme profond, d'unité avec Dieu-Nature. Et l'enfance nous apparaît un Paradis parce que l'enfant se sent encore un avec le monde [10] ».

Quand je tente de cerner au plus près ce que pour moi est la méditation, me vient aussi en mémoire l'historiette que j'ai lue autrefois dans un livre charmant, aujourd'hui oublié, les *Contes d'ici et d'ailleurs* d'Anne de Tourville. Dans l'un de ses récits bretons, elle mettait en scène une vieille pauvresse qui, lorsqu'elle ne mendiait pas de porte en porte, passait la plupart de son temps à l'église. Intrigué, le recteur vint un jour l'interroger :

« Que fais-tu, Soizic, assise au fond de l'église pendant des heures ?

– Je médite, monsieur le recteur.

– Qu'entends-tu par là ?

– Eh ben, je bats de la goule et je pense à rin ! »

« Penser à rin », n'est-ce pas, somme toute, une définition possible de la forme de méditation la plus épurée, celle qu'au XIIIe siècle, au Japon, maître Dôgen appelait *shihkantaza*, mot composé de *shikan*, « sans rien », *ta*, « faire », *za*, « être assis », donc « être assis sans rien faire », qui est le zazen, tel qu'on le pratique dans l'école zen sôtô, dénommé « zen de l'éveil silencieux » (en japonais *mokushôzen*), où l'éveil est donné comme une « silencieuse coïncidence [11] », et Plotin parle aussi, lorsqu'il analyse le processus de la méditation, d'une « tendance à la coïncidence », celle du centre de l'âme avec le centre du Tout.

Tout cela ne fait-il pas penser à la « synchronicité » jungienne, définie comme la rencontre fortuite et la coïncidence entre notre état intérieur, l'*Inwelt*, avec le monde qui nous entoure, l'*Umwelt*, qui fait éclore en nous le sentiment d'harmonie et d'unification, dont parlent Groddeck comme Plotin, qui est aléatoire, mais comblant ? N'est-ce pas là ce que vise, subconsciemment et spontanément, le méditant, tout méditant, ce sentiment qui résulte de la mise à l'écart du moi, donc de la levée des obstacles qui s'interposent entre la réalité et nous, et nous empêchent de la percevoir telle qu'elle est ?

Le propos de la méditation consisterait à faire le vide en soi, encore faut-il préciser qu'il ne peut s'agir que d'un mouvement vers et non d'un but à atteindre, qui serait l'arrêt de toute pensée, donc l'absence de conscience, la perte de conscience, ce qui est la définition de la syncope, de l'évanouissement, voire de la léthargie, du coma, dont l'issue est la mort, ce qui n'est tout de même pas le propos du méditant, lequel vise plutôt l'hyperconscience, la conscience libérée de tout ce qui l'encombre d'ordinaire[12].

En fait, faire le vide en soi, c'est se vider de son ego, faire abstraction du moi, et laisser la place à l'autre ou à l'Autre, ce qu'expriment Tauler comme Plotin. Lorsque l'on fait le vide en soi, on n'en arrête pas pour autant le flux incessant des pensées, on le regarde passer sans l'interrompre, comme un courant qui nous traverserait, sans que l'on cherche à l'interpréter, car mettre le soi de côté, c'est se débarrasser de ce que, dans le bouddhisme, on appelle les *samskâra*.

Les *samskâra* jouent un rôle comparable à ce qu'en psychologie on appelle des « projections ». Si Freud a limité ce concept à la clinique et le montre en action principalement dans la paranoïa, la psychologie moderne le généralise et l'étend à tout sujet pensant. Celui-ci perçoit le milieu ambiant et y réagit en fonction de ses intérêts propres ou de ses jugements de valeur. Ainsi l'animal isole-t-il dans ce qu'il perçoit du monde extérieur les stimuli positifs ou négatifs qui détermineront son comportement. Il en va de même pour l'être humain et, pour le prouver, les psychologues recourent à des exemples très simples. Ainsi les objets d'un même milieu seront-ils perçus très différemment par l'homme d'affaires, qui en verra la valeur marchande, et par l'artiste, qui en appréciera esthétiquement les formes et les couleurs, sources pour lui d'inspiration. L'optimiste, le « bon vivant », verra la « vie en rose », tandis que le pessimiste, le mélancolique – « mélancolie » signifie « bile noire » et, en effet, le pessimiste « se fait de la bile » et celle-ci est « noire », comme son humeur – verra le monde en noir ou au moins en gris.

Autrement dit, chacun perçoit le monde extérieur (*Umwelt*) en fonction de son monde intérieur (*Inwelt*), donc de son moi. Faire abstraction de son moi dans la méditation, cesser de s'identifier avec lui, en laissant la place à cet « autre dont nous ne savions pas que c'était nous », comme dit Plotin, c'est se libérer du même coup de ces constructions mentales parasites, des ombres portées qui nous masquent le réel, et, par conséquent, voir celui-ci en pleine lumière.

C'est là ce qu'a voulu exprimer Platon dans le mythe de la caverne[13], que je dois rappeler dans ce contexte spécifique. Socrate y décrit le monde comme une demeure souterraine où, « depuis leur enfance », les hommes sont enchaînés de telle sorte qu'ils ne peuvent voir que ce qui se trouve devant eux : les ombres dansantes des objets extérieurs, projetées sur la paroi à laquelle ils font face par la lumière qui brille derrière eux « vers le haut et de loin ».

« Envisage maintenant, poursuit Socrate, que les hommes soient délivrés de leurs chaînes et guéris de leur déraison. Quand l'un de ces hommes aura été délivré et forcé soudainement à se lever, à tourner le cou, à marcher, à regarder du côté de la lumière. Quand, en faisant tout cela, il souffrira, quand, en raison de ses éblouissements, il sera impuissant à regarder lesdits objets dont autrefois il voyait les ombres, quel serait, selon toi, son langage, si on lui disait que, tandis qu'autrefois c'étaient des billevesées qu'il voyait et que c'est maintenant dans une bien plus grande proximité du réel et tourné vers de plus réelles réalités qu'il se trouve et qu'il aura dans le regard la plus grande rectitude... Ne penses-tu pas qu'il serait embarrassé ? Qu'il estimerait les choses qu'il voyait autrefois plus vraies que celles qu'on lui désigne maintenant ? Dis-moi, si on le forçait en outre à regarder du côté de la lumière, ne penses-tu pas qu'il souffrirait des yeux, que, tournant le dos, il fuirait vers les autres choses qu'il est capable de regarder ? »

C'est là ce que peut ressentir le méditant, lorsque la méditation s'approfondit, que le sol se dérobe sous ses pieds, qu'il a le sentiment de flotter dans l'espace. N'a-t-il pas quitté le réel pour l'irréel, l'illusion, ou bien se trouve-t-il dans l'ultime réalité ? C'est, somme toute, encore l'histoire de Tchouang-tseu et du papillon.

Rapprochons maintenant la situation et la réaction décrites par Socrate de celles étudiées dans le *Bardo Thödol*, le *Livre des morts tibétains*[14]. Y est exposé ce qui arrive au mourant, durant la phase intermédiaire (*bardo*) qui suit sa dissolution corporelle et psychique, et au cours de laquelle il se trouve soudain en présence de la réalité absolue, sous la forme d'une « claire lumière étincelante ». Celui qui ne s'y est pas préparé de son vivant ne peut supporter cette vision aveuglante. Il prend peur, lui tourne le dos et s'enfuit. Dès lors, il ne trouvera de refuge qu'en « entrant dans la matrice », dit le texte, autrement dit en se tournant vers une nouvelle incarnation, retombant ainsi une nouvelle fois dans le *samsâra*, le cycle interminable des naissances et des morts. Celui qui, au contraire, s'est préparé par la méditation sous la conduite d'un instructeur, d'un lama, verra dans cette lumière ce que véritablement elle est, l'ultime réalité, la reconnaîtra comme sa propre nature d'éveillé et sera définitivement délivré.

Il n'est donc pas impossible que le pratiquant, parvenu au cœur de sa méditation, se trouve dans un état qui est déjà promesse de libération. Il peut même voir soudain une grande lumière blanche qu'il identifie avec celle dont parlent les maîtres. Elle l'envahit et il en est baigné.

J'ajouterai encore ceci : même Freud fait une claire allusion à une occurrence quelque peu comparable qui peut survenir au cours d'une analyse et suscite chez l'analysé un sentiment que Freud appelle « inquiétante étrangeté [15] ». Pour lui, cela correspond à une remontée imprévisible du refoulé, sous une forme hallucinatoire et souvent effrayante, ce qui ne peut provoquer que les résistances du patient, puisque cette remontée compromet l'équilibre précaire qui du moins lui permettait de ne pas perdre pied. Mais le refoulé n'est pas nécessairement menaçant, il arrive qu'il soit réconfortant, si par exemple il s'agit d'anciennes croyances, de notre spiritualité refoulée par un rationalisme réducteur que nous avons adopté parce qu'il nous semblait moins naïf, plus réaliste.

Une telle survenue n'est-elle pas analogue au cas de l'homme sorti de la caverne platonicienne, à celui du défunt rencontrant la pure lumière aveuglante du *Bardo Thödol,* enfin à ce qu'a pu apercevoir au cours de sa méditation le méditant ? Après quoi ce dernier se demande si ce qu'il a cru ressentir ne serait pas tout simplement la manifestation de ses propres fantasmes refoulés.

En nous libérant de l'entrave que constitue le monde artificiel que nous avons nous-mêmes créé, nous pouvons nous retourner (en latin, « se retourner » se dit *convertere,* qui a donné « se convertir »), comme le prisonnier de la caverne. Nous faisons alors face à la lumière. Celle-ci nous envahit et éclaire notre être présent jusqu'à son tréfonds. Ainsi, nous nous percevons comme jamais nous ne nous étions perçus.

Si la méditation vise la découverte que nous serions incapables de réaliser par d'autres voies, il y a aussi dans l'acte de méditer une volonté de changement, d'amélioration, de perfectionnement de nous-mêmes. On s'examine pour mieux voir ce qui, dans notre comportement, est inadapté, peut faire mal, aux autres et à nous-mêmes, nos erreurs, nos manques, nos défaillances, nos préjugés...

L'examen du méditant par lui-même peut être relativement impartial en raison de cette lumière qui pénètre, de la lucidité qu'il a automatiquement acquise, au fur et à mesure, de méditation en méditation. Cette lucidité provient de ce que nous pouvons envisager ce moi avec lequel nous cessons de nous identifier comme un autre. Une telle permutation nous permet de voir notre moi à distance et de ne plus le considérer que comme un représentant de notre personnalité profonde, un représentant certes décevant mais, fort heureusement, provisoire, puisque limité à la présente incarnation qui, puisqu'elle est composée, se décomposera un jour.

Notes

1. Avons-nous désiré venir au monde ?

1. Patrick Lévy, *Le Kabbaliste*, Le Relié, Paris, 2002.
2. *Nidâna Samyutta*, 13.
3. Platon, *Œuvres complètes*, t. IV, *Phédon*, 76a, Les Belles Lettres, Paris, 1934.
4. *Udâna*, VIII, 1-4.
5. Platon, *Phédon*, 80-a-81, Flammarion, Paris.
6. *Ibid.*, 67, 1-2.
7. Spinoza, *Court Traité*, chap. I, 3, Flammarion, Paris, 1964.
8. Spinoza, *Éthique*, partie V, proposition XXXVIII.
9. *Majjhima Nikâya*, 26, 19.
10. *Madhyamakâ kârikâ*, 27, 3.
11. *Entretiens de Milinda et Nâgasena*, Connaissance de l'Orient, Gallimard, 1995, chap. 6.
12. *Anguttara Nikâya*, I, 10.
13. *Kûla-kalmavibhanga* du *Majjhima Nikâya*, III, 202.
14. Grégoire de Nysse, *Vie de Moïse*, 28 c, texte critique et trad. par Jean Daniélou, 3e édition revue et corrigée, Paris, Cerf, 2000.
15. Origène, *Traité des principes*, livres I et II, Sources chrétiennes, n° 252, 1978.

2. Qu'est-ce que la vie ?

1. J.-B. de Lamarck, « Discours d'ouverture de l'an VIII », Paris, 1801 in *Inédits de Lamarck*, Masson, Paris, 1972.
2. F.M.X. Bichat, *Recherches physiologiques sur la vie et la mort*, Brosse Gabob et Cie, Paris, 1800.
3. J.B.S. Haldame, « The Origin of Life », in *The Inequality of Man and Other Essays*, Londres, 1932.
4. R. Dawkins, *Le Gène égoïste*, Odile Jacob, Paris, 2003, pp. 260-261.
5. F.H.C. Crick, *Of Molecules and Men*, Seattle et Londres, 1966.
6. W. Pirie, *The Physical Basis of Life*, cité dans *La Mort et l'Immortalité*, F. Lenoir et J.-P. de Tonnac (dir.), Bayard, Paris, 2004, p. 1401.
7. C. de Duve, *À l'écoute du vivant*, Odile Jacob, Paris, 2002.
8. R. Shapiro, *Origine de la vie*, Champs Flammarion, Paris, nouvelle édit. augmentée, 2004, pp. 398-413.
9. H. Reeves, *Chroniques du ciel et de la terre*, Le Seuil, Paris, 2005, pp. 163-169.
10. A. Van Gennep, *Les Rites de passage*, E. Nourry, Paris, 1909.

3. Faut-il avoir peur de la mort ?

1. J.-H. Déchaux, « Neutraliser l'effroi. Vers un nouveau régime de deuil », in *La Mort et l'Immortalité*, *op. cit.*, p. 1155.
2. P. van Eersel, « Expérience de la mort approchée » et M. Hulin, « Explorateurs de l'au-delà ? », in *La Mort et l'Immortalité*, *op. cit.*, pp. 1253-1275 et 1279-1291.
3. E.G. d'Aquili et A.B. Newberg, *The Mystical Mind*, Minneapolis, 1999.
4. A. Ancelin-Schützenberger, *Aïe, mes aïeux !*, Épi / La Méridienne, Paris, 1993 ; P. van Eersel et C. Maillard, *J'ai*

mal à mes ancêtres. La psychogénéalogie aujourd'hui, Albin Michel, 2002.

4. Peut-on asservir la nature ?

1. Kant, *Prolégomènes à toute métaphysique future qui pourra se présenter comme science* (1783), par. 14, Vrin.
2. Heidegger, *Introduction à la métaphysique*, trad. franç. Gallimard, Paris, 1967.
3. *Sâmkhya-kârikâ*, 59 et 62.
4. *L'Hindouisme, textes et traditions sacrés*, présentés par A.M. Esnoul, Fayard-Denoël, Paris, 1972, pp. 92-114.
5. R. Guénon, *L'Homme et son devenir selon le Védanta*, Éditions traditionnelles, Paris, 1941, pp. 64-65.
6. L. Barnett, *Einstein et l'Univers*, avec un avant-propos d'Einstein, Gallimard, Paris, 1951, p. 16.
7. J. Lacan, *Séminaire* II, Le Seuil, Paris, 1978, p. 370.
8. C. de Duve, *À l'écoute du vivant*, *op. cit.*, chap. 1 et 2, « Qu'est-ce que la vie », pp. 23-65.
9. A. R. Damasio, *Le Sentiment même de soi*, Odile Jacob, Paris, 1999, pp. 173-269.
10. P. Teilhard de Chardin, *Le Phénomène humain*, posthume, Le Seuil, Paris, 1955.
11. Heidegger, « Alèthéia », dans *Essais et conférences*, trad. franç. Gallimard, Paris, 1958, pp. 310-341 ; S. Jacquemard, *Héraclite. Les Fragments*, nouvelle traduction, Arfuyen, Paris, 2003, traduit : « La Nature se plaît au secret », ce qui, pour notre propos, revient au même.
12. A. Einstein, *Comment je vois le monde*, Flammarion, Paris, 1979, p. 24.

5. L'homme ne serait-il qu'un animal comme les autres ?

1. Montaigne, « Apologie de Raymond Sebond », chapitre XII du livre II des *Essais*.

2. D. Morris, *Le Singe nu*, trad. franç., Robert Laffont, Paris, 1968.
3. Hésiode, *Théogonie*, 510-570.
4. D. Le Breton, « Le corps insuffisant », in *La Mort et l'Immortalité, op. cit.*
5. O. Dyens, *Chair et métal*, Montréal, 2000, cité par D. Le Breton, *op. cit.*, p. 1003.
6. T. Dobzhansky, *L'Homme en évolution*, trad. franç. Flammarion, Paris, 1966.
7. R. Chauvin, *Techniques de combat chez les animaux*, Hachette, Paris, 1965, avant-propos, p. 5.
8. J.L. Perrot, introduction à R. Haisnar, *Mammifères sauvages d'Europe*, Delachaux et Niestlé, Neuchâtel, 1948, vol. I, pp. 14-15.

6. L'esprit est-il immortel ?

1. Descartes, *Traité de l'homme* (posthume).
2. En particulier dans *Retour à l'origine*, Terre humaine, Plon, Paris, 2004, pp. 262-268.
3. Au sens où l'entend Claude Lévi-Strauss, dans son admirable livre qui porte ce titre.
4. Diogène Laërce, *Vies, doctrines et sentences des philosophes illustres*, t. II.
5. Platon, *Apologie de Socrate*, 26 d.
6. J. Burnet, *L'Aurore de la philosophie grecque*, trad. franç. Payot, Paris, 19, pp. 294-295.
7. Anaxagore, fragments 13, 14, 19, 3.

7. Qui est cet autre en moi ?

1. A. R. Damasio, *Le Sentiment même de soi, op.cit.*
2. S. Freud, *Psychopathologie de la vie quotidienne. Applica-*

tions de la psychanalyse à l'interprétation des actes de la vie courante, Payot, 1904.

3. C.G. Jung, *Les Racines de la conscience*, trad. franç. Buchet-Chastel, Paris, 1971, réédité dans Le Livre de poche-Références, 1995, pp. 23-24.

4. J. Laplanche et J.-B. Pontalis, *Vocabulaire de la psychanalyse*, PUF, Paris, 1967 et 1997, pp. 320-323.

5. S. Jacquemard et J. Brosse, *Orphée ou l'initiation mystique*, Bayard, 1998, Paris, pp. 190-193.

6. J. Brosse, *Autobiographie d'un enfant*, José Corti, Paris, 1993.

7. E. Lamotte, « *L'âlayavijnânâ* dans le *Mahâyânasamgraha*, Asanga et ses commentateurs », MCB, Institut belge des hautes études chinoises, vol. III, Bruxelles, pp. 1934-1935.

8. Dieu est-il personnel ou impersonnel ?

1. F. Lenoir, *Les Métamorphoses de Dieu. La nouvelle spiritualité occidentale*, Plon, Paris, 2003, p. 325.

2. Thomas d'Aquin, *De Potentia*, question 7, 5-14.

3. H. Corbin, « De la théologie négative comme antidote au nihilisme », in *Paradoxe du monothéisme*, Livre de poche-Bibliothèque Essais, Paris, 1992, p. 195.

4. Plotin, *Ennéades*, V, 7, 33, trad. P. Hadot, Cerf / Le Livre de poche, Paris, 1994.

5. *Ibid.*, VI, 4, 14, 16.

6. *Ibid.*, V, 1, 12, 1.

7. Bernard de Clairvaux, Sermon LXXIV, 5-6, sur le Cantique des cantiques.

8. Grégoire de Nysse, *Vie de Moïse*, « Spiritualités vivantes », Albin Michel, Paris, 1993.

9. Grégoire Palamas, *Triades pour la défense des saints hésychastes*, trad. J. Meyendorff, Louvain, 1959.

10. J.-Cl. Bologne, *Les Sept Vies de Maître Eckhart*, Le Rocher, 1997, chap. X, « Le Procès », pp. 329-364.

11. Maître Eckhart, *Et ce néant était Dieu..., Sermons LXI* à

XC, trad. et présentés par G. Jarczyk et P.-J. Labarrière, Albin Michel, Spiritualités, Paris, 2000, pp. 90-100.

12. Saint Augustin, *Sermon* 279, n1.

13. *Œuvres complètes du Pseudo-Denys l'Aréopagite,* trad., commentaires et notes de M. de Gandillac, nouvelle. édit. Aubier, Paris, 1989, pp. 73 et 177-180.

14. Plotin, *Ennéades,* IX, *op. cit.*

15. Maître Eckhart, *Sermons I,* trad. J. Ancelet-Hustache, Le Seuil, Paris, 1974, p. 56.

16. Ch. Mopsik, *Cabale et cabalistes,* Bayard, Paris, 1997, p. 119 ; G. Scholem, *La Kabbale et sa symbolique,* Payot, Paris, 1966-1989, pp. 118-127.

17. Ch. Mopsik, *op. cit.,* p. 122.

18. I. Robinet, *Lao zi et le Tao,* Bayard Paris, 1996, pp. 17, 62-65.

19. Dans *Le Monde des religions,* n° 20, novembre-décembre 2006, p. 17.

9. Sommes-nous vraiment libres ?

1. A. Ancelin-Schützenberger, *Aïe, mes aïeux, op. cit.* ; P. van Eersel et C. Maillard, *J'ai mal à mes ancêtres, op. cit.* ; É. Horowitz, *Se libérer du destin familial,* Dervy, Paris, 2000.

2. M. Reuchlin, *Méthodes quantitatives en psychologie,* PUF, Paris, 1967.

3. P.-P. Grassé, M. Fontaine et *al.*, *L'Instinct dans le comportement des animaux,* Paris, Masson, 1956 ; J.-C. Ruwet, *Éthologie : biologie du comportement,* Bruxelles, Mardaga, 1959.

4. *Abhidharmakosha* de Vasubandhu, traduit et annoté par La Vallée-Poussin, 6 vol., réédition Bruxelles, 1971 ; W. Rahula (éd.), *Le Compendium de la super-doctrine* (*Abhidharma samuccaya* d'Asanga), EFEO, Paris, 1980.

5. Wilson, *The Meaning of Mind in the Mahâyâna Buddhist Philosophy of Mind Only,* Ann Arbor, 1986.

6. L. Kapani, *La Notion de samskara dans l'Inde brahmanique et bouddhique,* 2 vol., De Boccard, Paris, 1992-1994.

10. L'artiste sert-il à quelque chose ?

1. P. Klee, *Théorie de l'art moderne*, 1956 (I), trad. franç. Denoël, Paris, 1964, p. 4.
2. Publié à titre posthume en 1945.
3. J. Brosse, « Art symbolique et peinture naïve », in *L'Arbre et les Naïfs*, Éd. Max Fourny, Paris, 1990, pp. 97-98.
4. Voir chap. 11.
5. J. Brosse, *Les Grandes Personnes*, Robert Laffont, Paris, 1989, pp. 262-274.
6. K. Geiringer, *Bach et sa famille*, trad. franç. Corrêa, Paris, 1955.
7. M. Vignal, *Franz Joseph Haydn*, Paris, 1967.
8. E. Damais, *Haendel*, Hachette, Paris, 1970.
9. M. Brion, *Michel-Ange*, Albin Michel, Paris, 1939 ; V. Mariani, *Michel-Ange*, trad. franç. Milano, Paris, 1965 ; E. K. Ramsden, *The Letters of Michelangelo*, 5 vol., Milan-Naples, 1962.
10. J. et B. Massin, *Wolfgang Amadeus Mozart*, Club français du livre, Paris, 1959 ; A. Einstein, *Mozart, l'homme et l'œuvre*, trad. franç. Desclée de Brouwer, Paris, 1954 ; T. de Wyzewa et G. de Sainte-Foix, *W.A. Mozart*, 15 vol., Chapitre, Paris, 1912-1948, rééd. Bouquins, 1998.
11. F. Chopin, *Lettres*, Le Seuil, Paris, 1932 ; C. Wierzynski, *La Vie de Chopin*, Robert Laffont, Paris, 1952 ; C. Bourniquel, *Chopin*, Le Seuil, Paris, 1957 ; M. Querlin, *Chopin. Explication d'un mythe*, Le Scorpion, Paris, 1962.
12. J. Claverie, *La Jeunesse d'Hölderlin jusqu'au roman d'*Hypérion, Alcan, Paris, 1921 ; G.N. von Hellingrath, *Hölderlin*, Munich, 1921 ; *Friedrich Hölderlin en commémoration du centenaire de sa mort*, Sorlot, Paris, 1943, contenant plusieurs importantes études, dont « La démence de Hölderlin » de N. von Hellingrath ; H.W. Lange, *Hölderlin. Eine Pathographie*, Stuttgart, 1909.
13. Dr. E.F. Podach, *L'Effondrement de Nietzsche*, trad. franç. Gallimard, Paris, 1931 ; voir aussi W. Michel, « Hölderlin et Nietzsche », dans *Friedrich Hölderlin en commémoration...*, *op. cit.*, pp. 208-215.

14. Dr. E.F. Podach, *L'Effondrement de Nietzsche, op. cit.*, p. 934.
15. *Ibid.*, p. 137.
16. G. Izambard, *Rimbaud tel que je l'ai connu*, Mercure de France, Paris, 1947 ; J. Carré, *Les Deux Rimbaud, l'Ardennais, l'Éthiopien*, Paris, 1928 ; Étiemble, *Le Mythe de Rimbaud*, 3 vol., Gallimard, Paris, 1952-1954.
17. Lettre aux siens du 22 juillet 1881.
18. J. Brosse, « Le silence de Rimbaud », dans coll. *Rimbaud*, Paris, 1968.
19. V. Van Gogh, *Correspondance complète*, trad. franç., 3 vol., Gallimard, Paris, 1960 ; *Lettres de Vincent Van Gogh à son frère Théo*, Gallimard, Paris ; H. Perruchot, *La Vie de Van Gogh*, Hachette, Paris, 1955 ; L. Roclanat, *Vincent Van Gogh et son frère Théo*, Flammarion, Paris, 1957.
20. A. Béguin, *Balzac visionnaire*, Skira, Paris, 1946 ; G. Picon, *Balzac par lui-même*, Paris, Le Seuil, 1956 ; A. Billy, *Balzac*, Club des éditeurs, Paris, 1959.

11. Est-il possible de ne penser à rien ?

1. Plotin, *Ennéades, op. cit.*
2. *Ibid.*, I, 6, 8, 24.
3. *Ibid.*, VI, 7, 15, 24.
4. *Ibid.*, V, 3, 6, 5, 12.
5. *Ibid.*, VI, 7, 34, 25.
6. P. Hadot, *Plotin ou la simplicité du regard*, Folio essais, Gallimard, Paris, 1997, p. 95.
7. Thomas Merton, *Mystique et Zen*, Albin Michel, 1995, p. 35.
8. Maître Eckhart, *Le Détachement*, trad. A. de Libera, Arfuyen, Paris, 1988, pp. 33-35.
9. Maître Eckhart, *Sermon I pour la fête de Noël*, trad. A. de Libera, dans *Eckhart, Suso, Tauler, ou la divinisation de l'homme*, Bayard, Paris, 1996.
10. *Vers Dieu-Nature* (*Hin zu Gottnatur*), trad. franç. dans

G. Groddeck, *La Maladie, l'Art et le Symbole*, Gallimard, Paris, 1969, p. 257.

11. *Les Entretiens de Houang-po*, trad. franç. Patrick Carré, Les Deux Océans, Paris, 1985.

12. Voir plus haut chap. 7.

13. Platon, *La République*, livre VII, 514, a-e, traduit par Léon Robin, in *Œuvres complètes*, Gallimard-Pléiade, p. 1101-1103.

14. *Le Livre des mort tibétains*, trad. et commenté par Francesca Freemantel et Chögyam Trungpa, Le Courrier du Livre, Paris, 1999.

15. S. Freud, *L'Inquiétante Étrangeté*, trad. franç. Gallimard, Paris, 1985.

Table

Du même auteur

AUX ÉDITIONS ALBIN MICHEL

Satori. Dix ans d'expérience avec un maître zen, Robert Laffont, 1976 – nouvelle édition complétée, « Spiritualités vivantes », 1981 (traduit en italien, allemand et japonais).
Alexandra David-Néel. Aventure et spiritualité, « Spiritualités vivantes », 1991.
Zen et Occident, « Spiritualités vivantes », 1992 (traduit en italien et allemand).
Histoire de la chrétienté d'Orient et d'Occident (406-1204), 1995.
Les Maîtres zen, Bayard Éditions, 1996 – nouvelle édition revue et augmentée, « Spiritualités vivantes », 2001 (traduit en italien, espagnol et portugais).
Maître Dôgen, moine zen, philosophe et poète, « Spiritualités vivantes », 1998.
Polir la lune et labourer les nuages. Maître Dôgen, Œuvres présentées et traduites par Jacques Brosse, « Spiritualités vivantes », 1998.
L'Univers du zen. Histoire, spiritualité et civilisation, 2003.
Les Maîtres spirituels, 3e éd., 2005.
Pratique du zen vivant, 2005.

CHEZ D'AUTRES ÉDITEURS

Les Hauts Lieux de la spiritualité en Europe, Bordas, 1992.

Le Bouddha, Pygmalion, « Chemins d'éternité », 1997 ; J'ai lu, 2001 (traduit en anglais, italien, espagnol, portugais, russe, polonais, roumain et japonais).

Orphée ou l'initiation mystique, en collaboration avec Simonne Jacquemard, Bayard Éditions, 1998 (traduit en italien).

Retour à l'origine. Itinéraire d'un naturaliste zen, Plon, « Terre humaine », 2002.

Composition Nord Compo
Impression Bussière, en août 2007
Editions Albin Michel
22, rue Huyghens, 75014 Paris
www.albin-michel.fr

ISBN 978-2-226-17844-2
N° d'édition : 25329 – N° d'impression : 072373/1.
Dépôt légal : septembre 2007
Imprimé en France.